Pasolini

Série Biografias **L&PM** POCKET:

Albert Einstein – Laurent Seksik
Andy Warhol – Mériam Korichi
Átila – Éric Deschodt / Prêmio "Coup de coeur en poche" 2006 (França)
Balzac – François Taillandier
Baudelaire – Jean-Baptiste Baronian
Beethoven – Bernard Fauconnier
Billie Holiday – Sylvia Fol
Buda – Sophie Royer
Cézanne – Bernard Fauconnier / Prêmio de biografia da cidade de Hossegor 2007 (França)
Freud – René Major e Chantal Talagrand
Gandhi – Christine Jordis / Prêmio do livro de história da cidade de Courbevoie 2008 (França)
Jesus – Christiane Rancé
Júlio César – Joël Schmidt
Kafka – Gérard-Georges Lemaire
Kerouac – Yves Buin
Leonardo da Vinci – Sophie Chauveau
Lou Andreas-Salomé – Dorian Astor
Luís XVI – Bernard Vincent
Marilyn Monroe – Anne Plantagenet
Michelangelo – Nadine Sautel
Modigliani – Christian Parisot
Napoleão Bonaparte – Pascale Fautrier
Nietzsche – Dorian Astor
Oscar Wilde – Daniel Salvatore Schiffer
Pasolini – René de Ceccatty
Picasso – Gilles Plazy
Rimbaud – Jean-Baptiste Baronian
Shakespeare – Claude Mourthé
Van Gogh – David Haziot / Prêmio da Academia Francesa 2008
Virginia Woolf – Alexandra Lemasson

René de Ceccatty

Pasolini

Tradução de Renée Eve Levié

www.lpm.com.br

L&PM POCKET

Coleção **L&PM** POCKET, vol. 1197
Série Biografias/30

Texto de acordo com a nova ortografia.
Título original: *Pasolini*

Primeira edição na Coleção **L&PM** POCKET: dezembro de 2015

Tradução: Renée Eve Levié
Capa e projeto gráfico: Editora Gallimard
Ilustrações da capa: Pier Paolo Pasolini (acima); com Totò, comediante italiano.
Preparação: Julia da Rosa Simões
Revisão: Simone Diefenbach

CIP-Brasil. Catalogação na Fonte
Sindicato Nacional dos Editores de Livros, RJ

C383p

Ceccatty, René de, 1952-
Pasolini / René de Ceccatty ; tradução Renée Eve Levié. – 1. ed. – Porto Alegre, RS : L&PM POCKET, 2015.
224 p. ; 18 cm.

Tradução de: *Pasolini* (Coleção L&PM POCKET, v. 1197)
ISBN 978-85-254-3340-4

1. Pasolini, Pier Paolo, 1922 - 1975. 2. Diretores e produtores de cinema - Biografia. I. Levié, Renée Eve. II. Título.

15-27919 CDD: 927.91430233
CDU: 929:791.631-051

Rua Comendador Coruja, 314, loja 9 – Floresta – 90220-180
Porto Alegre – RS – Brasil / Fone: 51.3225.5777 – Fax: 51.3221.5380

Pedidos & Depto. comercial: vendas@lpm.com.br
Fale conosco: info@lpm.com.br
www.lpm.com.br

Impresso pela Meta Brasil
2021

Um filho

Talvez mais do que em outros casos de escritores, artistas ou personalidades fortes devido a qualquer razão, no caso de Pasolini não seria absurdo insistir sobre sua infância, na medida em que ele próprio retornou a ela frequentemente na sua obra literária e cinematográfica. Ele encenou sua infância em *Édipo*, mas, principalmente, resgatou não apenas sua sexualidade como também alguns temas teóricos da sua poética com ela.

Seu pai foi a primeira pessoa a quem dedicou suas poesias, às vezes descrito de maneira caricatural numa espécie de soldado embrutecido e brutal, e nunca se opôs à vocação literária do filho. Sua mãe sempre teve um lugar preponderante na sua vida e uma presença em primeiro plano ao seu lado, não apenas porque Pasolini sempre morou com ela e lhe deu vários papéis nos seus filmes (em *Teorema*, onde ela acompanha o sacrifício da empregada, interpretada por Laura Betti, que se enterra viva molhando a terra com suas lágrimas, e principalmente em *O evangelho segundo São Mateus*, onde ela encarna a Virgem Maria), ou porque lhe dedicou vários dos seus poemas famosos, mas porque, dando-lhe acesso à literatura, ela orientou voluntariamente suas escolhas. Ela também escrevia poesias, e lhe deu o exemplo como professora, pois Pasolini trabalhou com ela na escola que abriram durante a guerra em uma casa poeticamente isolada no campo praticamente em ruínas, em Versuta. Ela ensinou ao filho sua língua "materna", o friulano, a língua da sua província natal, que ela quase não falava mais, pois se expressava em italiano e no dialeto veneziano, e que ele reivindicou como sua. A partir de então, o Friul, situado no nordeste da Itália, na fronteira com a ex-Iugoslávia, ao norte de Veneza, de onde se originava, tornou-se a *prima terra*, a paisagem primitiva, o cenário fundamental de uma natureza perdida. E a língua, a língua perdida da realidade.

Portanto, até o final da década de 40 podemos considerar sua infância, adolescência e juventude friulana como um todo. Como um todo, porque o próprio Pasolini estava decidido a constituir, voluntariamente, uma espécie de esfera de vida que daria uma coerência à sua existência e à sua obra, que começava a germinar como poeta, crítico e romancista. Em vez de definir como um acaso do destino sua vida no Friul, justamente quando começava a estudar a história da arte em Bolonha, Pasolini considerou-a como o quadro original que determinaria sua inspiração e concepção da criação.

Pier Paolo Pasolini nasceu em Bolonha no dia 5 de março de 1922. Sua mãe, Susanna Colussi, professora, tinha 31 anos, e seu pai, Carlo Alberto, tenente da infantaria, 30. Eles tinham casado havia apenas três meses, no dia 21 de dezembro de 1921. Carlo Alberto Pasolini e Susanna Colussi se encontraram antes da Primeira Guerra Mundial em Casarsa delle Delizie (a "aldeia das cabras", segundo a etimologia apresentada por Nico Naldini) no Friul, enquanto Carlo Alberto servia perto da fronteira. Os dois se conheciam havia vários anos e tinham até noivado, mas, apesar do escândalo do nascimento de um primeiro filho, Carluccio, que morrera ainda criança, no início de 1915, eles ainda não haviam decidido casar. Pier Paolo jamais conheceria a breve vida desse irmão mais velho.

A família do pai era pretensamente nobre, da linhagem dos condes Pasolini dall'Onda. Durante uma entrevista em 1965 (em *Il mestiere di scrittore*, Garzanti, 1973), Pasolini disse para Ferdinando Camon que o nome Pasolini era de Ravenna. "Meu pai é de Ravenna, de uma antiga família de nobres, de um ramo destituído. Pasolini vem de *Pase* ['paz', em dialeto], que se transformou em Pasini e Pasolini. O brasão dos Pasolini representa uma vela em cima de uma onda, e na vela está escrito 'Pax'. Eu não sei se é uma etimologia empírica, mas acho que não."

Originalmente, a família Pasolini era muito rica (possuía terras e imóveis), mas, depois da morte do pai, Carlo Alberto dilapidara sua herança quando ainda muito jovem por causa de uma dançarina.

Em contrapartida, a família da mãe, os Colùs, que adotaram o nome italiano Colussi, era formada de camponeses. O pai de Susanna fundara uma destilaria que faliu, e a família Colussi era muito pobre. As crianças Colussi eram seis: Susanna tinha dois irmãos, um dos quais morrera em circunstâncias misteriosas pouco depois de emigrar para os Estados Unidos, e três irmãs, sendo ela a mais velha. A do meio, Enrichetta, era a mãe de Nico Naldini, primo de Pier Paolo que será um de seus parentes mais próximos, trabalhando com ele no cinema e dedicando-lhe uma biografia após sua morte. Sem interromper seu próprio trabalho poético, íntimo e sensual, que recordava um Friul jamais abandonado, Nico Naldini publicará várias edições póstumas da obra de Pasolini. Graziella Chiarcossi, neta de Enrichetta e sobrinha de Nico, é a atual herdeira dos direitos autorais de Pasolini.

Pier Paolo só retornaria a Bolonha para seus estudos secundários. Enquanto isso, ao sabor das transferências militares, a família mora em Parma, Conegliano e Belluno, onde, no dia 4 de outubro de 1925, nasce um terceiro menino, Guido. A mãe abandonara o emprego de professora de escola e só o retomaria (em Sesto al Reghena, onde precisava percorrer vinte quilômetros de bicicleta todos os dias) quando o marido ficara coberto de dívidas de jogo (ele seria preso por isso).

Aos 24 anos, Pasolini recordará sua primeira infância em *Quaderni rossi* ("*Cadernos vermelhos*"), espécie de rascunho autobiográfico que servirá de base para vários projetos de romances, entre os quais *Atti impuri* e *Amado mio*. Ele descreve minuciosamente lembranças muito precoces da infância para explicar alguns traços da sua personalidade. É certo que a morte de Guido, também precoce, o fizera reconstituir tudo o que rodeara o nascimento desse irmãozinho, do qual sentia ciúmes. Ele remonta a lembrança de sua angústia em relação à morte, a "sensação, se não de ter que morrer, pelo menos de não acordar mais, de mergulhar em trevas infinitas", ao momento do seu nascimento.

Dessa mesma época surge outra lembrança, que Laura Betti tornaria famosa ao usar a expressão *"teta veleta"* de Pasolini como título de seu livro. Pasolini conta que inventou essa expressão curiosa quando tinha apenas três anos: ao observar os tendões salientes atrás dos joelhos dos colegas mais altos que corriam, ele tivera uma "sensação do inacessível, do carnal", "da ternura, da aflição e da violência do desejo". Ele associa essa sensação (pelo menos em 1946, ou seja, 21 anos mais tarde, e depois da morte de Guido) a uma "culpa". Pasolini aprofundará essa lembrança durante uma entrevista para sua amiga Dacia Maraini, a segunda companheira de Alberto Moravia. "Foi a primeira parte do corpo que me tocou enquanto corpo." Ele também explica (estamos na década de 1970, e a entrevista é para a revista *Vogue*) que, segundo o escritor Gianfranco Contini, o neologismo seria uma referência inconsciente ao termo grego "tétis", que designa o sexo.

Pasolini se referirá muitas vezes à "tétis" em diferentes textos teóricos sobre a sexualidade e o cinema, e principalmente num artigo em que abjura a *Trilogia da vida* (seus três filmes-contos: *Decameron*, *Os contos de Canterbury* e *As mil e uma noites*):

> Eu poderia me vangloriar de, com meus filmes, ter tido um efeito sobre os usos e costumes italianos e sua evolução, sobre a liberalização da opinião pública e sobre o descongestiona-

mento do "senso comum do pudor". Mas não o faço. Embora em *As mil e uma noites* e em meu próximo filme [*Salò ou Os 120 dias de Sodoma*], que terá explicitamente como tema a "ideologia", eu continue representando também a realidade física e seu emblema, Tétis, eu me arrependo da influência libertadora que meus filmes possam, eventualmente, ter tido sobre os usos e costumes sexuais da sociedade italiana. Na verdade, na prática eles contribuíram para uma liberalização falsa, desejada na realidade pelo novo poder reformador permissivo, que, aliás, é o poder mais fascista que a História jamais guardou na memória.[1]*

"Tétis" *in Erotismo, eversione, merce*,
Cappelli, 1973.

Pasolini também usará esse termo em um dos sonetos (o 21º) que escreveu para Ninetto Davoli em 1971-1973 durante seu rompimento:

Não amor, mas tétis, não, sexo não,
mas tétis, perdido na mãe, não pênis, tétis
não cu, tétis, ou talvez afeto
extremo, que já nasce nos tenros fetos
ansiosos pela mãe, tétis...

Ele retomará esse termo em seu romance póstumo, *Petrolio*, para designar um dos personagens dicotômicos obcecado pela sexualidade: Carlo de Tétis (o outro personagem, a face mais "civilizada" do mesmo personagem, chama-se Carlo de Polis).

Nem os trinta anos que separam as duas evocações, nem os quase cinquenta anos que separam a sensação infantil e a abjuração dos filmes "sexuais" permitem ter-se uma ideia exata dessa primeira representação da sexualidade do pequeno Pier Paolo de três anos... Nesse caso, o importante não é saber o que a criança sentiu realmente, mas sublinhar

1. As citações seguidas de um asterisco foram extraídas de *Opere Complete*, Pier Paolo Pasolini, Mondadori, coleção "I Meridiani", 1998-2003, e traduzidas do italiano por René de Ceccatty. (N.E.)

que, a partir do momento em que começou a escrever seu diário, Pier Paolo Pasolini sentiu a necessidade de levar em consideração sua sexualidade, que tinha como objeto o corpo dos meninos, um corpo dividido, independente da identidade global do seu possuidor, e levá-la em consideração como no sentimento de culpa. Mais tarde, com sua amiga Dacia Maraini, que o conhecia intimamente, ele precisou explicar sua homossexualidade, que se tornara notória, para os leitores da *Vogue*. Ao revelar uma lembrança perfeita da infância, uma cena fechada e clara, que respondia elegantemente ao que se esperava (a explicação de um desvio sexual apresentado como tal, numa idade em que a força da transgressão de um tabu é mais forte do que o próprio tabu), ele desempenhou o papel de autoanalisado, sem, porém, buscar a verdade.

O próprio projeto dos *Quaderni rossi* e, mais tarde, de *Atti impuri* será, como o último título indica, descrever uma sexualidade que lhe pesava, que ele sentia como excessiva e anormal, independente da intensidade de prazer que lhe proporcionava e da relativa facilidade dessas relações físicas, mais ou menos clandestinas: sua atração por rapazes que se dispunham a manter uma intimidade física voluntariamente, mas que recusavam um laço sentimental, ao contrário das moças com as quais ele se ligava intelectualmente, como, por exemplo, Pina Kalc e Silvana Mauri, a irmã de Fábio, seu amigo de escola: "Você é", escreveu Pasolini em 15 de agosto de 1947, "a única mulher pela qual senti, e ainda sinto, alguma coisa muito próxima ao amor, certamente uma amizade excepcional". Nessa carta, Pasolini começava uma série de declarações que o levariam a confessar sua homossexualidade.

Mais tarde, em março de 1949, ele escreve para Silvana de forma mais livre, menos culpabilizada (depois de longas conversas):

> Livrei-me de muitos escrúpulos e medos; aprendi, por exemplo, a fazer amor sem amor e sem remorsos [...] Atualmente, eu a vejo afastar-se por uma estrada invadida por uma espécie de luminosidade angustiante, onde eu, eu me perderia, tímido e sacrílego. Não, aqui não se trata mais de um complexo de inferioridade, ou de um Eros maníaco da minha parte, são coisas expiadas que se transformaram em humo, em vegetação rasteira, dados que não têm mais nenhum valor direto; é o indivíduo que construí por cima e que, no fundo, poderia ter sido uma obra-prima, que não me satisfaz. Será possível que o fato de estar do lado de fora da funcionalidade pura da natureza não provoque, no final das contas, nada mais do que uma nostalgia pela natureza?

Em 1949, ignorando que dentro de alguns meses explodiria um grande escândalo que mudaria sua vida de forma definitiva, o Pasolini de 27 anos já se apresentava como "do lado de fora da funcionalidade pura da natureza" e com "uma nostalgia pela natureza". A culpabilidade fora esvaziada apenas na aparência, já que sob a proteção da nostalgia se expressava um sentimento de exílio. Exílio em uma sexualidade sem remorsos, mas também sem amor.

Em fevereiro de 1950, quando Pasolini estava realmente exilado em Roma, onde o escândalo (trataremos dele mais adiante) explodiu, ele escreveu para Silvana:

> Aqueles que, como eu, tiveram o destino de não amar segundo as normas acabam superestimando a questão do amor. Uma pessoa normal pode resignar-se – que palavra terrível – com a castidade, com as ocasiões perdidas, mas, comigo, a dificuldade de amar transformou a necessidade de amar em uma obsessão: a função hipertrofiou o órgão, quando na minha adolescência o amor me parecia uma quimera inacessível: depois, quando a função readquiriu suas proporções justas e a quimera foi profanada até o cotidiano mais miserável com a experiência, o mal já havia sido inoculado, crônico e incurável.

Ao explicar a lembrança primitiva que ele chamara de *teta veleta*, Pasolini deixara subentendido que sua homossexualidade tinha uma origem muito distante que precedia qualquer outra determinante, especialmente a materna. É claro que não é certo que a homossexualidade deva ser explicada como um desvio estranho. Mas Pasolini certamente sentiu necessidade de explicá-la em vários momentos da sua vida, seja na vida particular (em suas cartas para Silvana, uma das raras confidentes dessa questão, porque ele precisava justificar-se por não a amar de amor, de não a desejar), seja na vida pública (em seus primeiros textos inéditos, que ele inicialmente planejara publicar, ou ainda em algumas entrevistas).

Ainda nos *Quaderni rossi*, Pasolini relata outras lembranças de perturbações eróticas: uma imagem entrevista em um panfleto publicitário que representava um explorador sendo devorado por um animal selvagem, "um homem caído entre as patas de um tigre". "Diante daquela imagem, fui invadido por uma sensação idêntica àquela que sentia na frente dos jovens adolescentes em Belluno." Pasolini também evoca a imagem do Cristo na cruz: "O desejo de imitar Jesus no seu sacrifício por todos os homens, ser condenado e assassinado embora completamente inocente, aflorava de forma expressa na minha imaginação. [...] Esse martírio público acabou tornando-se uma imagem voluptuosa e, pouco a pouco, fui pregado na cruz, completamente nu".

O primeiro contato com a literatura, a palavra escrita, a realidade que se transforma em palavra, a palavra que revela a realidade, está ligado à sua mãe. Ela escrevia poesias, tais como, por exemplo, um soneto inacabado que dedicou a ele. Por seu lado, o filho também escrevia poesias, anunciava seu desejo de tornar-se "comandante de navios de longo curso e poeta". Pasolini tinha sete anos quando encheu o primeiro caderno com poesias, que a família guardará e depois perderá.

Do outro lado, do lado paterno, pesava a sombra do fascismo. Segundo seu sobrinho, Nico Naldini, Carlo Alberto afirmou ter presenciado o atentado de Anteo

Zamboni contra Mussolini, testemunhando no processo do terrorista. Ele teria denunciado o tio de Nico, que era padeiro em Ferrara, por atividades antifascistas. Mas o que a criança Pier Paolo percebeu em primeiro lugar foi o desentendimento entre seus pais, as cenas de embriaguez e violência. Ora, essas cenas a que ele assistiu, que deixavam Susanna desesperada, não bastarão para afastar Pier Paolo de seu pai, por quem ele nunca sentirá raiva. Na entrevista para Dacia Maraini, Pasolini disse:

> Ele foi mais importante para mim do que minha mãe nos primeiros anos da minha vida. Sua presença era tranquilizadora, forte. Ele era um pai verdadeiramente afetuoso e protetor. Depois, de repente, quando eu estava com cerca de três anos, o conflito explodiu. A partir de então, sempre havia uma tensão de antagonismos, de dramas, de tragédia entre nós. [...] Ele era violento, possessivo, tirânico. Eu me lembro que antes dos meus três anos ele também era alegre. Mas depois eu não me lembro nem de um sorriso seu (mas ele se contorcia nas raras vezes que ria) [...] Sim, tudo mudou a partir dos três anos. Quando minha mãe ia dar à luz o meu irmão, meus olhos começaram a arder. Meu pai me imobilizou em cima da mesa da cozinha, abriu meu olho com os dedos e pingou colírio. Foi a partir daquele instante "simbólico" que passei a não gostar mais de meu pai.
>
> *E tu chi eri*, Bompiani, 1973.

No final da sua vida, quando estava escrevendo *Petrolio*, deu o nome do pai ao seu herói, fazendo um retrato muito exato de Carlo Alberto Pasolini:

> Meu pai era um oficial do exército que viveu sua maturidade durante o período fascista, aderindo ao fascismo (apesar de, considerando a rivalidade que se instaurara entre o fascismo e o exército, ele ficar do lado do exército). Seu caráter estava pronto para aceitar o fascismo – adolescente, ele havia sido um valentão e vadio de família nobre –, o que deixaria sua mente perturbada, pois não há nada mais solidário do que a

desordem e a ordem. Ainda tenho uma fotografia dele com 17 anos, pouco antes de partir como voluntário para a guerra da Líbia: um belo rapaz, forte como um touro, elegante, de uma elegância um pouco levada, filho de uma família rica e decadente, mimado e rude ao mesmo tempo. Havia algo de mau nos seus cabelos e olhos escuros: era sua sensualidade que transparecia, muito violenta, e o tornava uma pessoa séria e quase arisca. A pureza do rosto juvenil, a perfeição do corpo (embora fosse um rapaz baixinho, de pernas curtas) era de quem possuía um pau grande. Apesar de tudo isso, ele exprimia ao mesmo tempo uma vontade hostil, como se fosse um excesso de defesa de alguém que, reivindicando voluntariamente seus direitos violentos sobre o presente, previsse uma tragédia futura que transformaria seus direitos em degradação. Ele fundou uma família e a aterrorizava. Depois, partiu para a África para lutar sua terceira guerra. Foi aprisionado durante alguns anos, e um dia reapareceu em Casarsa, a aldeia de minha mãe, a "aldeia inferior" que ele sempre desprezara, vingando-se dessa maneira do amor não retribuído por minha mãe – e começou a embriagar-se como costumam fazer os homens. É evidente que ele nunca pensara no seu destino, como não pensara em política.

Petrolio, Gallimard, 1995.

Essa descrição, que permaneceu inédita enquanto Pasolini estava vivo, foi escrita mais de dez anos após a morte de Carlo Alberto, no início da década de 70. Ela é de uma virulência particular, mas nada impede perceber nela um acerto de contas com uma imagem, mais do que com uma pessoa, pois nessa época a personalidade de Carlo já estava mais matizada, mais acanhada, menos hostil ao filho do que ele a representa aqui.

Carlo Alberto também queria que seu filho se tornasse um poeta como seu próprio irmão, de quem recebe o nome Pier Paolo, que morrera afogado aos 20 anos. Em Roma, Carlo Alberto se tornará o "secretário" de seu filho e estará tão presente a ponto de importunar aqueles que queriam falar com Pier Paolo diretamente. Ele morrerá em dezembro de 1958 de uma cirrose, depois de conhecer a glória do escritor, reconhecido há vários anos.

Pasolini sofreu com as brigas dos pais, mas não foi mal amado pelo pai. Em uma entrevista para Jean-André Fieschi, em 1967, sobre *Édipo rei* (*Les Cahiers du cinéma*, novembro de 1967, nº 195), ele resumiu secamente a influência que eles tiveram sobre a formação da sua personalidade: "Senti o amor que eu tinha pela minha mãe muito, muito profundamente. Todo o meu trabalho foi influenciado por ele. Uma influência que se originou no fundo de mim, enquanto tudo o que há de ideológico, voluntário, ativo e prático nas minhas atividades como escritor está ligado às minhas lutas com meu pai". Pasolini fez essa confidência radical enquanto falava de um filme que retratava sua infância em relação a um mito psicanalítico, num prólogo muito perturbador: essa declaração afirmava uma tomada de posição indiscutível. Sim, ele era a prova viva da realidade do complexo de Édipo. Em retrospectiva, o uso de um elemento biográfico, sua interpretação poética e analítica, e o fato de seu pai ter sido um militar fascista alteraram muito a verdade sobre as relações entre Carlo Alberto e Pier Paolo. Houve uma tendência para a reconstituição dessa infância seguindo a fantasia tardia de um criador adulto.

Do mesmo modo, às vezes ocorreu um enxugamento da relação de Pasolini com o catolicismo sob a influência da mãe, enquanto ele mesmo teve o cuidado de esclarecer muitas vezes:

> Minha mãe vinha de uma família camponesa friulana, portanto de tradição religiosa, mas uma tradição absolutamente natural, que não tinha nada de conformista ou beata, ela não frequentava a igreja e nunca fez a comunhão. Sua religiosidade era puramente poética e natural. Ela herdou isso principalmente da avó, a quem era muito ligada na infância... Eu me considero leigo e ateu. Minha religião é de um gênero mais atípico: ela

> não obedece a nenhum modelo. O catolicismo não me agrada porque eu não gosto das instituições em geral*.

Foi assim que, em 1968, Pasolini expressou-se em uma entrevista para Jon Halliday (que também assinava sob o nome de Oswald Stack), publicada, em 1969, pela editora Thames & Hudson, *Pasolini on Pasolini.* Nessa mesma entrevista ele voltou a falar do pai:

> Pensei durante muito tempo que o conjunto da minha vida erótica e emocional fosse o resultado do amor excessivo, quase monstruoso, que eu sentia por minha mãe. Recentemente, porém, percebi que a relação com meu pai também foi muito importante. Eu sempre pensara odiar meu pai, quando, na realidade, não foi assim. Eu tinha um relacionamento conflituoso com ele, eu ficava em um estado de tensão permanente muito violento em relação a ele*.

Pasolini afirmava que seu pai era "dominador, egoísta, egocêntrico, tirânico e autoritário e, ao mesmo tempo, de uma ingenuidade extraordinária".

Na época dessa entrevista, ele havia escrito a peça de teatro *Affabulazione* (1966), cujo tema é a relação (quase incestuosa, mas imaginária) entre um pai e um filho, na qual ele suaviza seu julgamento e insiste na influência erótica de seu pai sobre a formação precoce de sua sexualidade:

> Eu percebi que grande parte da minha vida erótica e emocional não dependia de um ódio em relação a ele, mas de um amor por ele, um amor que eu tinha em mim desde quando tinha mais ou menos um ano e meio, ou talvez dois, ou três, não sei... pelo menos é assim que reconstituo o episódio.

Não era apenas o fascismo que estava ligado ao pai, mas a escolha de uma língua "central que, de maneira mais ou menos racista, considerava inferior tudo aquilo que pudesse emanar da periferia do país e tivesse alguma relação com dialetos". E o dialeto friulano estava ligado à mãe, embora não fosse a língua que ela falava: ela se expressava em "*veneto*", enquanto os camponeses falavam em friulano, que Pier Paolo começou a estudar sistematicamente a partir dos 17 anos. Contudo, foi a mãe que, de um certo modo oblíquo, lhe impôs essa escolha.

Na época do lançamento de *O evangelho segundo Mateus* (1964), Pasolini já evocava a influência do catolicismo e do marxismo sobre o aspecto sagrado da criação artística e mandava seus interlocutores retornarem (em um debate público que teve lugar em Alexandria, no dia 21 de novembro de 1964, publicado em *Atti del convegno Pasolini nel dibattito culturale contemporaneo*, 1977) à sua primeira coletânea de poesias, *Poesia a Casarsa*, publicada quando tinha vinte anos (1942), especialmente a um verso: "Cristo me chama, mas sem luz" – "*Crist al mi clama ma sensa lus*" (em: *La Domenica delle Palme*). Esse longo poema em friulano é um diálogo entre uma mãe-criança e seu filho, uma espécie de *Pietá* alegre, clara e doce, que termina com um *Pater noster* reinventado. Pasolini lembrou que esse poema havia sido escrito na sua primeira adolescência e que *L'Usignolo della Chiesa Cattolica* (O rouxinol da Igreja Católica) (1958) foi publicado depois, do qual citou um verso: "E no entanto, Igreja, eu vim a ti". Essa mesma frase encontra-se no mais-que-perfeito em *La religione del mio tempo* (A religião do meu tempo) (1961).

A maioria de seus espectadores ficou espantada com a analogia de seu primeiro filme, *Accattone* (1961), que conta o calvário de um vagabundo que está envelhecendo, com o tom do *Evangelho.* Segundo Pasolini, "o filme era fundamentalmente religioso e francamente católico, e o seu conteúdo era a salvação de uma alma". Essa religiosidade de *Accattone* Pasolini atribui não apenas à sua temática ou ao ponto de vista adotado em relação ao destino de um rapaz perdido nos bairros de Roma, mas à própria técnica de seu cinema:

Eu tinha uma intuição da sacralidade técnica dos movimentos da câmera, do *travelling*, do panorâmico, do gosto pela fotografia. Independente do resultado e de seu sucesso, eu queria definir *Accattone* como um filme-romance: um filme visto frontalmente, quase hieraticamente*.

Sobre seus impulsos "irracionais" a que alguns críticos reduziram sua visão do *Evangelho*, que ele pretendia "racionalizar" com esse filme, reconhecendo que a decisão de fazer esse filme obedecia "a um impulso [...] obscuro" que tivera em Assis durante a leitura do *Evangelho*, "a uma forma de exaltação, [...] que Berenson chama de 'o aumento da vitalidade' que resulta da leitura de um grande texto, da visão de um grande quadro", Pasolini respondeu com firmeza: "Ideologicamente, não sou católico e não sou crente, portanto não vejo por que minha racionalização do irracional deva ser católica: minha racionalização é do tipo marxista". E ele faz uma homenagem ao Papa João XXIII (a quem o filme é dedicado).

Como se sabe, as mães percorrerão toda a carreira de Pasolini: *Mamma Roma*, a mãe de Cristo, Jocasta, Medeia, a bela e depravada mãe burguesa de *Teorema*. Mas a sua estará sempre ao seu lado. Sua coletânea de 1950, *Roma 1950* (publicada somente em 1960), que escreveu quando chegou a Roma, começa com esses versos famosos:

Adulto? Jamais – jamais, como a existência
que não amadurece – permanece sempre verde,
de dia esplêndido em dia esplêndido –
só me resta manter-me fiel
à monotonia gloriosa do mistério.[2]

Assim como *Poesie in forma di rosa* (*Poesia em forma de rosa*) (1964), contemporânea de *O evangelho segundo São Mateus*, começa com a *Ballata delle madri*

2. Todos os poemas foram traduzidos do francês segundo a tradução do italiano do autor. (N.T.)

(*Balada das mães*): canto de ódio para todos aqueles que não tiveram mães iguais à sua, mas mães "vis", "medíocres", "servis", "ferozes", que ensinaram a seus filhos a covardia, um "amor sordidamente mudo de animal selvagem", a felicidade na servidão, a sobrevivência no desrespeito e a integridade dos abutres".

> Eis então como o mundo vos pertence:
> tornados irmãos em paixões contrárias
> ou em pátrias inimigas, pela recusa profunda
> de serem diferentes: de responder
> pela dor selvagem de serem homens.

A essa entrada violenta e amarga na matéria, dirigida para uma maioria de covardes, conformistas e escravos – mais tarde Pasolini voltará com mais violência ainda a esses temas no seu romance *Petrolio* – ele responderá com *Supplica a mia madre* (*Súplica à minha mãe*):

> É difícil dizer com palavras de filho
> aquilo que, no meu coração, não me assemelho em nada.
>
> És a única no mundo que conhece do meu coração
> O que sempre esteve antes de qualquer outro amor.
>
> Eis por que devo dizer-te aquilo que é horrível saber:
> É no fundo da tua graça que nasceu minha angústia.
>
> És insubstituível. Eis por que a vida
> Que me destes está condenada à solidão.
>
> Não quero ficar sozinho. Tenho uma fome infinita
> De amor, de amor de corpos sem almas.

As fotografias de Susanna Colussi na sua juventude mostram que essa mulher, com quem Pier Paolo (que tinha a pretensão de ser sósia do pai, com quem não tinha nada em comum!) se parecia muito fisicamente (a mesma intensidade apaixonada do olhar nos olhos retraídos nas órbitas, as mesmas maçãs do rosto salientes, o mesmo sorriso luminoso e triste, a mesma morfologia seca, óssea, nervosa, musculosa, a mesma voz, pois Pasolini tinha uma voz feminina, aguda como a de vários intelectuais italianos, de pronúncia suave e rápida ao mesmo tempo), não era o estereótipo da camponesa-professora que poderíamos imaginar. Como observou seu primo Nico Naldini, aos olhos do filho já adulto ela se assemelhava naturalmente à família da atriz Silvana Mangano, que a interpretará, e à da escritora Elsa Morante, uma de suas melhores amigas na década de 1960, mulheres sofisticadas, apaixonadas, sedutoras, autoritárias, de feminilidade mais construída que natural (não importa se sua beleza fosse natural como a de Silvana Mangano, ou que apenas tivesse personalidade como Elsa Morante, cujos traços eram despojados de beleza, mas não de caráter).

Pier Paolo passará a morar na casa dos Colussi, em Casarsa, somente a partir de 1942. Até 1936, a família precisou mudar-se várias vezes por causa das várias transferências de Carlo Alberto: Parma, Conegliano, Belluno, Sacile, Idria, Cremona, Scandiano, todas pequenas cidades de guarnição. Durante seus estudos primários, seu pai retirou-o da escola de Sacile porque o professor o mandara para uma classe inferior, alegando que seu nível de instrução era insuficiente. Ele o transferiu para um colégio em Conegliano, aonde Pier Paolo ia todos os dias de trem, com apenas oito anos.

Ele aprendeu esgrima, mas também violino, tal como o faria alguns anos mais tarde sua amiga, a eslovena Pina Kalc. Essa familiarização precoce com a música clássica, da qual encontramos os ecos na correspondência e nos textos de sua juventude, também explica a particularidade das trilhas sonoras dos seus filmes que logo no início, e a partir do primeiro filme, *Accattone*, incluíram trechos de

Bach, Mozart e Vivaldi, junto com músicas contemporâneas ou étnicas, escolhidas com a cumplicidade de Elsa Morante, para acompanhar as cenas de violência extrema, imprimindo-lhes um caráter sagrado.

Pasolini iniciou seus estudos secundários em Reggio Emilia. Em 1937, a família voltou para Bolonha, onde nascera. Era uma oportunidade única para um jovem intelectual aprofundar sua cultura: ele encontrava livros facilmente nas livrarias Cappelli ou Mario Landi (que será seu primeiro editor), nas barraquinhas de livros que ficavam debaixo do Portico della Morte, as "Arcadas da Morte". Ele se familiarizou com os clássicos do mundo inteiro, tal como Freud, Dostoiévski, que o marcará profundamente, como o atesta *Petrolio*, mas também Shakespeare e Tolstói – uma cena forte de *Teorema* faz referência a ele ao reproduzir *A morte de Ivan Ilitch*. Pier Paolo era um ginasiano brilhante e seu nível intelectual era tão alto no penúltimo ano – um jovem professor suplente, Antonio Rinaldi, o inicia em Rimbaud e na poesia hermética – que ele pulou o último ano e preparou-se sozinho durante o verão para o vestibular, em que passou no outono, obtendo a nota mais alta e os parabéns do corpo de jurados.

Um ano adiantado, aos 17 anos inscreveu-se na Faculdade de Letras da Universidade de Bolonha. Seus professores foram, entre outros, um jovem poeta, Alfonso Gatto, e o crítico de arte Roberto Longhi, que orientará de forma definitiva seu conhecimento da pintura, principalmente em relação à Idade Média e ao Renascimento italianos, com um curso sobre Masaccio e Masolino, o que influenciará a estética do *Decameron*, *O evangelho segundo Mateus*, *La ricotta* e *Mamma Roma.*

Durante a infância e a adolescência, Pasolini contentou-se em passar todos os verões (de julho até setembro) neste Friul que será fundamental para a constituição de seu mundo estético e literário. "Eles chegavam" – conta

Nico Naldini (no prefácio para a edição póstuma de *Un paese di temporali e di primule*, Guanda, 1993) – "depois de uma rápida estadia em Riccione e partiam novamente, com a morte na alma, antes do início das vindimas". Foi ali que Pier Paolo criou os vínculos das suas primeiras e mais profundas amizades, com rapazes a quem dedicará suas primeiras poesias: Dilio, Manlito, Jacu, Cesarin, Jus. Alguns já eram adultos, estudantes ou empregados de lojas. Eles costumavam jogar futebol juntos, uma paixão que Pasolini manterá na idade adulta.

De noite, depois do jantar, Pier Paolo passeava de bicicleta sozinho ou com amigos, por todas as aldeias vizinhas de Casarsa, nessa paisagem abundantemente irrigada, plana e triste. Pasolini guardou de maneira obcecada na memória essa época da primeira adolescência para seus primeiros textos romanescos e poéticos. Suas primeiras tentativas literárias foram, portanto, estritamente autobiográficas, num empreendimento de autoanálise reivindicada de maneira explícita. A obrigação de deixar o Friul em janeiro de 1950 provocará um trauma tão sério que Pasolini deixará de lado seus primeiros textos, abandonando em seguida qualquer desejo de publicá-los. Ao limitar a evocação da infância e da juventude à forma poética, e ligando-a estreitamente a uma reflexão sobre a língua, a paisagem, a natureza, a "realidade" e o uso do dialeto, ele afastava provisoriamente as confissões pessoais, especialmente sobre sua sexualidade. A descoberta do mundo romano e do seu subproletariado nos subúrbios o afastará da natureza camponesa, para a qual encontraria equivalentes nos bairros de Roma e, mais tarde, quando filmar, no Terceiro Mundo.

Essa infância e adolescência friulanas, que a publicação póstuma dos seus primeiros textos, por seu primo Nico Naldini, também perseguido por essa juventude nos seus textos poéticos, valorizou muito, permanecerão um estrato profundamente subterrâneo da sua inspiração estética. Claro que se trata de um elemento constitutivo essencial de sua sensibilidade e sexualidade invasiva, como o evidenciam várias reminiscências nas suas poesias, filmes e entrevistas; porém, não devemos esquecer que os textos que Pasolini escreveu durante sua juventude foram escritos por um jovem intelectual que, influenciado por leituras teóricas, poéticas e romanescas muito recentes, analisava com uma linguagem cerebral uma adolescência muito próxima, muito frustrada e muito culpabilizada. Basta lermos como ele fala de si mesmo ao comentar uma fotografia de família:

> Nas crianças impúberes há um momento de extrema e quase senil sabedoria (momento que se manifesta, talvez, no símbolo incômodo do "pequeno homem"). Creio que isso acontece principalmente entre os jovens burgueses do campo, pois a partir dos sete ou oito anos eles perdem o que seus pais chamam de ingenuidade. Naquela época eu realmente era um pequeno velho, indiferente, cuja sensibilidade pela ausência de amor era compensada pela gulodice e pela curiosidade. Eu me sentia muito à vontade entre as mulheres porque elas raramente demonstravam aquela qualidade monstruosa que chamamos de ironia e eram dotadas de grande sabedoria. Claro que era uma sabedoria falsa, mas quanta beatitude eu sentia ouvindo suas palavras extremamente complexas (atenção: eu tinha consciência dessa complexidade). O fato é que elas decorriam de uma alegria verdadeira que elas me transmitiam. [...] Eu não posso deixar de pensar naquele Pier Paolo como uma espécie de Telêmaco ou Astyanax, mas já habituado às aventuras mais sedutoras.*

Esse texto de 1947 (publicado em 22 de junho em *Il Progresso d'Italia*, sob o título "I dispetti") foi escrito por um rapaz de 25 anos que comenta uma fotografia de 1929, na qual, portanto, tinha sete anos de idade. Era, é claro, muito cedo para ele fazer um balanço desse primeiro período. A verdadeira veia literária de Pasolini será bem diferente da autobiográfica. Contudo, podemos perceber como na sua infância ele penetra no fundamental para explicar a forma que ainda não assumira sua criação artística, e que não tardaria a assumir, principalmente quando ele aponta as palavras trocadas entre os adultos e observadas pela criança que era. Será uma temática recorrente para explicar, *a posteriori*, seu "sentimento da realidade": a palavra dos outros como portadora de uma realidade da qual o artista é encarregado de alcançar a verdade, a palavra como elemento da natureza, um elemento imediato ainda não afetado pelo artifício de sua representação. "Eu assistia a esses prazeres complicados da palavra, que atingiam o máximo da beatitude quando uma das mulheres admitia suas fraquezas. Porém, em meio a essas desordens, eu me recordo de alguns momentos perfeitos de ordem: momentos em que o amor nascia em mim como beleza." O nascimento do sentimento estético, portanto.

A fonte direta das suas lembranças de infância encontra-se na entrevista supracitada de Pasolini para Dacia Maraini. Independentemente de qualquer interpretação intelectual ou literária dos seus primeiros anos, e conduzido pela convenção desse tipo de entrevista, limitada às evocações factuais, ele se manifesta da forma mais frontal. A multiplicação das mudanças de lugar permitiu, necessariamente, uma grande exatidão das lembranças, já que qualquer mudança fixa as imagens dos lugares deixados para trás. Pasolini afirmou que se lembrava do primeiro quarto em Bolonha, quando tinha apenas um ano. "Eu me lembro de um sofá que nos acompanhou durante toda a nossa vida. O braço do sofá girava e deixava à mostra a estrutura de madeira. Nessa madeira eu desenhei um carro que chamei *Rupepé.*" Ele também se lembrava dos jardins de Bolonha, os Giardini Margherita, e de seus primeiros caprichos com sua tia. Nessa entrevista, ele descreveu em detalhes suas crises de angústia infantis, "uma forma de neurose cardíaca. Eu aprendera que o coração era o motor da vida e sentia um medo repentino que parasse de bater".

Mais tarde, ele associou essa angústia à sua mãe, com quem frequentemente dormia. Essa sensação nunca o abandonou, e ele interpretou-a da seguinte forma: "Meu sofrimento deve-se ao fato de que, para mim, uma infelicidade nunca é aquela infelicidade momentânea, mas uma infelicidade cósmica, que coloca em perigo a totalidade da minha pessoa. Para mim, qualquer fracasso é um fracasso total". Nessa mesma entrevista, ele voltou a mencionar a admiração que seu irmão caçula sentia por ele, porque ele era um ótimo aluno na escola, as brigas entre os pais, o alcoolismo do pai e a paixão irracional de Carlo Alberto por sua mulher, e seu próprio sentimento de exclusão e marginalidade quando ouvia, por exemplo, seus amigos de Sacile conversarem misteriosamente sobre um *taculin*, um termo dialetal que designava o moedeiro (*taccuino*). Mais uma vez, a língua dos outros era o meio privilegiado para entender sua relação com o mundo, mesmo sendo este excludente.

Pasolini situa o fim da sua infância e o início da puberdade em Cremona, quando tinha treze anos:

> Os dias que antecederam o verão de 1934 foram os mais belos e os mais gloriosos da minha vida. [...] Até os trinta anos eu senti saudades da minha infância e a revivi de maneira narcisística. Aliás, comecei a sentir saudade da minha infância dois ou três anos depois que ela terminou. Porque foi uma época feliz, cheia de idealismo. Foi a época heroica da minha vida.

Nos *Quaderni rossi*, citados por Nico Naldini, ele situa em Cremona – sempre Cremona – as primeiras manifestações da sua consciência artística na leitura das obras de Homero (na descrição do escudo de Aquiles, na *Ilíada*). "Foi quando senti a primeira angústia diante da relação de dois tempos tão diferentes entre si: a realidade e sua representação." Esse texto da juventude é fundamental. Ao citar a famosa passagem do Canto XVIII da *Ilíada*, no qual Homero descreve a armadura forjada por Hefesto para Aquiles a pedido de sua mãe, Tétis (é evidente que a homonímia não é uma coincidência), Pasolini não somente aborda um tema essencial da sua reflexão sobre a arte – o dever de chegar à realidade sem "representá-la", e sem empregar mediações que formariam um obstáculo entre o modelo e aquele que o percebe –, mas refere-se também a uma noção que terá várias aplicações na sua obra, a de *ekphrasis*.

Esse termo de retórica, que etimologicamente significa "descrição", designa o recurso usado para descrever uma situação, uma paisagem ou uma psicologia numa obra de arte, ou, em outras palavras, a "descrição de uma obra de arte dentro de uma obra de arte". A descrição do escudo de Aquiles é, portanto, um artifício ao qual Homero recorreu para dar prosseguimento à sua narrativa e antecipá-la. Do mesmo modo, no romance pastoral de *Dafne e Cloé*, Longus[3] começa com a descrição de uma obra de arte, uma imagem, uma *ekphrasis* da *ekphrasis*, uma "descrição da descrição", para retomar exatamente a expressão que Pasolini utilizará para resumir a atividade crítica. Longus narra o que ele descobriu em um bosque:

> [...] uma imagem pintada, uma história de amor. Ele era belo também, aquele bosque de árvores grossas, com flores e riachos. Uma única fonte alimentava tudo, flores e árvores. Mas o quadro era mais encantador ainda, ele estava repleto de uma arte extraordinária, de uma aventura de amor. Por isso, muitas pessoas, até estrangeiros, vinham até ali atraídas pelo rumor, orar para as ninfas, mas também contemplar a imagem. Nela, mulheres davam à luz, outras enfaixavam recém-nascidos, havia crianças abandonadas, animais que amamentavam seus filhotes, pastores que os recolhiam, jovens que trocavam juras de amor, uma chegada de piratas, uma invasão de inimigos. Ao ver muito mais coisas, todas repletas de amor, fiquei muito espantado e fui tomado pelo desejo de reproduzir o quadro.

3. Longus (século III a.C.): escritor grego a quem se atribui a autoria do romance pastoral *Dafne e Cloé*. (N.T.)

> Quando finalmente encontrei um exegeta para a imagem, criei quatro livros, uma oferenda para Amor, as Ninfas e Pan, uma experiência para encantar todos os homens, que curará o doente, consolará o aflito, fará aquele que amou recordar-se e preparará aquele que não amou.

A *ekphrasis* se opõe à *mimesis* na medida em que não é uma imitação da natureza, mas a imitação de uma imitação, um "discurso periegético", ou seja, indireto, que contorna seu objeto. Nesse caso, o que interessa é que Pasolini traduza em uma linguagem emocional sua preocupação estética e faça voltar à infância esta obsessão que adquirirá várias formas na sua criação: a do "sentimento de realidade" e da "linguagem da realidade". Por outro lado, podemos observar a presença de Tétis, a mãe de Aquiles, uma divindade que reaparecerá muitas vezes nos textos de Pasolini, como já mencionamos.

Pasolini criança ficou perturbado com a leitura dessa passagem da *Ilíada* porque Homero passa da descrição das armas forjadas por Hefesto ("onde há duas cidades humanas") à descrição do que está sendo forjado, com gritos, intimidade, diálogos, amores, dança, teatro, acrobacias, agricultura, rios, oceano, guerra. O movimento está representado e, através dele, o tempo. O tempo penetra no texto. O escudo é animado. Tempo e espaço se fecundam.

> Eu lembro – escreveu Pasolini nos *Quaderni rossi* – que subdividi a página em uma dezena de medalhões [o que, aliás, fariam todos os artistas que tentaram representar o escudo] e que desenhei neles a criação do mundo. Morávamos em Cremona, e eu tinha apenas treze anos. A cozinha era o teatro das minhas aventuras desenfreadas. Eu me vejo debruçado em cima daquela página, concentrado no simples problema existente entre o real e o falso. Naquela época, para mim o fenômeno da representação era algo terrível e primordial exatamente porque estava em estado de pureza: o equivalente teria que ser definitivo.

Foi durante essa experiência perturbadora de leitura que Pasolini descobriu a origem do seu gosto pela pintura e de seu desespero por não conseguir reproduzir a realidade através daquele meio, chegando a ter pensamentos suicidas. Depois, aos 24 anos de idade, ao evocar o fim da sua infância nos *Quaderni rossi*, ele coloca essas experiências estéticas em correlação com suas primeiras pulsões sexuais, que ele chama de "atos impudicos" ou "atos impuros" e a perda da fé. "É estranho, mas não me lembro como minha fé se dissolveu. Talvez seja o único acontecimento íntimo da minha vida que desapareceu sem deixar rastros." Lembramos que Pasolini não seguiu o caminho iniciatório habitual das crianças católicas e não fez a Primeira Comunhão.

Em 1937, os Pasolini estão, portanto, em Bolonha, onde Pier Paolo fez novos amigos, que serão seus correspondentes epistolares regulares (Luciano Serra, Ermes Parini, também conhecido como Paria, Franco Farolfi). Ele já começava a se interessar pelo cinema, escreveu um pequeno roteiro e, pouco depois, uma peça de teatro. As cartas para seus amigos nos permitem imaginar um rapaz com uma curiosidade intelectual insaciável, mas também um desportista sensual que gostava de tomar banho no rio Tagliamento, o que lhe propiciará emoções eróticas durante os vários encontros que terá com jovens camponeses, um "sedutor" que manifestava seu interesse erótico pelas moças e um pintor amador. Foi em Bolonha que escreveu o primeiro poema do qual guardou-se um vestígio ("O encantador de serpentes").

Estamos em 1941: Pasolini estava com 19 anos, a guerra só se fazia presente em ecos longínquos, seus estudos sob a direção de Roberto Longhi o entusiasmavam, ele estava pensando em criar uma revista. Ele começou a cristalizar dentro dele um tema de culpabilidade que dominará seus textos narrativos (publicados postumamente sob o título *Atti impuri*): "Quero matar o adolescente hipersensível e doentio que está tentando corromper minha vida de homem. Ele já está quase moribundo. Mas quero ser cruel com ele, mesmo se no fundo eu o amo, porque ele constituiu minha vida até a soleira do hoje", escreveu para Franco Farolfi em janeiro-fevereiro de 1941. Ele explorará essa cisão de personalidade em duas figuras contrárias no seu último romance, *Petrolio*.

Portanto, trata-se de um tema fundamental que será profundamente prolongado pela temática da "trituração" nesse romance. "Um homem e seu duplo, ou seu sósia. Se A tem um sósia B, B tem um sósia A, mas neste caso ele é A. É a dissociação esquizoide que divide uma pessoa em duas e reúne algumas características em A e outras em B etc." (*Petrolio*, *op. cit.*, p. 570). Foi assim que Pasolini resumiu, em uma última anotação, o projeto de *Petrolio*, seu romance inacabado.

Nesse mesmo romance, no qual manifesta sua desconfiança em relação a qualquer psicologia convencional e qualquer narração de intriga contínua, ele arrisca uma hipótese sobre a dissociação da personalidade (p.173):

> Em qual contexto, sob que "teto" cultural, se produzem as relações entre o Ego do nosso herói e seu Id? Do ponto de vista psicanalítico ortodoxo ou heterodoxo, freudiano ou junguiano, frommiano ou lacaniano, essas relações são tão livres que elas podem ser legitimamente definidas como arbitrárias ou até provocadoras. Raramente se viu alguém brincar com tamanha desobediência com conceitos "docilmente" aceitos. A repressão pela qual o Ego de Carlo se libera, de modo clássico, da responsabilidade do evento sangrento, onde termina a primeira parte do poema, obedece na realidade a leis totalmente inventadas. Eu não tenho outra explicação para dar exceto que as fábulas são grosseiras. E que, portanto, a divisão entre o Ego de Carlo [insere] cada vez [a] relação entre um Semiego e um Id inteiro na realidade.

Durante esse período de formação, Pier Paolo, que ainda não completara vinte anos, vai e volta entre crises de angústia (o "vazio dos cosmos", que ele mencionará várias vezes nas poesias, especialmente naquelas que dedicou a Maria Callas em *Trasumanar e organizzar*, como em "Timor di me": "Há em mim um vazio/ um vazio no universo/ e de lá cantas") e acessos de plenitude, de "*joy*" (alegria) como gostava de dizer, usando o termo dos trovadores provençais.

> Os horários, os acontecimentos, os hábitos, coisas que eu gostaria de destruir, começam a me arrastar na sua ronda; e o que eu empurro de um dia para o outro, que não sei o que é, passa sempre longe de mim. Ainda assim, sinto uma grade leveza no coração, e sou muito leve em toda a minha carne, até meus pensamentos estão leves e perderam aquele vazio que os tornava tão tristes em Bolonha.
>
> Carta para Franco Farolfi, julho de 1940, *Corrispondenza generale*, *op. cit.*

Atti impuri começa com a confissão da sua paixão por "Nisiuti" (Tonuti Spagnol, seu grande amor da juventude, como veremos a seguir) e com a evocação de uma veleidade suicida:

> Eu tinha certeza de que um nada me separava da morte, e até me dizia que não havia outra solução. Foi assim que penetrei em um casebre no meio do campo depois de caminhar ao longo do canal sem perceber, um desses lugares onde, como explicarei mais adiante, nasceu meu amor. Foi ali que tive gestos insensatos, dos quais riria agora se não soubesse que já não sou mais capaz de fazê-lo. Foi ali que deixei uma imagem de mim que não gostaria de poder lembrar outra vez. Digamos que eu estava pensando em uma maneira de morrer, enquanto, ao mesmo tempo, à meia voz, entre soluços, eu cobria de insultos, mas também de palavras de ternura, aquele rapaz infeliz – sempre sensibilizado e um pouco distraído pela ressonância nítida das minhas palavras.
>
> *Atti Impuri*, Garzanti Libri (1982)

Pouco antes do verão de 1941, seu pai, Carlo, foi mobilizado para servir na guerra no Quênia, África Oriental, onde logo foi feito prisioneiro. Durante esse verão de 1941, a criatividade poética de Pier Paolo liberou-se. Casarsa tornou-se seu "Eleusis perdido", ou seu "Sion perdido". Pier Paolo começou a traduzir um poema para o friulano, "*Acquae di Casarsa*" (*Águas de Casarsa*), o qual inaugurará sua primeira coletânea, que ele pensara inicialmente intitular *Le frontiere del giorno*, e que será publicada sob o título *Poesie a Casarsa*, em 1942, e retomada em *La meglio gioventù*, em 1954.

> Fonte d'água da minha aldeia
> Nenhuma água é mais fresca do que na minha aldeia
> Fonte de rústico amor.

Como todas as poesias seguintes, essa poesia será invertida na reescrita de *La nuova gioventù* (*A nova juventude*), na qual Pasolini, em 1974, um ano antes da sua morte, chora por uma natureza desnaturada e uma cultura massacrada:

> Fonte d'água de uma aldeia que não é a minha;
> Não há água mais antiga do que nessa aldeia.
> Fonte de amor para ninguém.

Ele comentou várias vezes como tomara a decisão de usar o friulano, não o de Udine, mas o de Casarsa, mais simples e ainda não normatizado. Enquanto pintava na varanda, ele ouvira um jovem vizinho pronunciar a palavra *rosada* (o orvalho que, em italiano, se diz *rugiada).* Ora, frisou, esse termo, que jamais fora escrito, era uma "ponta expressiva da sua vivacidade oral". "Escrevi imediatamente alguns versos neste falar friulano da margem direita do Tagliamento, que até então havia sido um mero conjunto de sons".

Em uma entrevista para Francesca Cadel, Nico Naldini interpreta assim essa explicação:

> A atração pelo dialeto situa-se nesse realismo vago, nessa vaga, mas poderosa, atração emocional por essa realidade. Ignoro o que as razões psicológicas valem para a estética, em todo o caso eu não posso ignorar as razões psicológicas, e eu seria incapaz de escrever a menor análise literária sem levar em conta a psicologia do momento, quer se trate de Leopardi, Puchkin ou qualquer pessoa. Naquele momento [1941] Pasolini era um rapaz de 19 anos, completamente casto, homossexual sem jamais ter tido uma relação sexual, portanto com uma visão um pouco delirante, com desejos um pouco delirantes por rapazes que ele amava, que eram camponeses muito simpáticos que correspondiam com o afeto dos camponeses a um sentimento que, nele, ardia de outra maneira.
>
> Francesca Cadet, La lingua dei desideri, Manni, 2002.

Seja qual for a interpretação que dermos a essa lembrança reinventada, inicialmente, o ato de escrever poesias era, para Pasolini, a expressão gráfica de sons puros e virgens de qualquer representação. Essa busca de uma realidade até então não representada caracterizará todo o seu empreendimento artístico: em suas poesias (a partir daquele instante), em seus romances (a partir dos anos 50, onde o subproletariado dos subúrbios romanos será substituído pelos pequenos camponeses friulanos) e em seu cinema (que usará sucessivamente como modelos os jovens vagabundos dos subúrbios, os personagens de um mundo pré-industrial tirados do repertório pictórico e literário da Idade Média tardia, e os homens e as mulheres do Terceiro Mundo revisitados por uma mitologia antiga ou árabe).

Ele escrevia, lia Rilke, Rimbaud, Petrarca, Alfieri, Foscolo e Michelangelo, pintava – ele aprendera um pouco de técnica com Federico De Rocco, um jovem pintor.

A maioria das suas poesias publicadas na sua primeira coletânea foi recopiada para seus amigos nas cartas que escrevia para eles. Elas foram comentadas por seu autor e pelos destinatários, às vezes com severidade. No entanto, se tornaram clássicos.

Um poeta

Estamos em 1942. Na volta às aulas da faculdade, Pasolini conheceu Fabio Mauri, cuja irmã, Silvana, se tornaria sua confidente privilegiada. Sua primeira coletânea, *Poesie a Casarsa*, foi publicada por Mario Landi, um livreiro bolonhês de livros antigos, com uma tiragem de trezentos exemplares. Carlo Alberto continuava prisioneiro no Quênia, onde receberá as poesias dedicadas a ele. O filólogo Gianfranco Contini foi a primeira personalidade literária a reagir à coletânea. Sua resenha foi publicada no dia 24 de abril, na revista italiana para a qual escrevia, na Suíça, *Il corriere del Ticino*, mas diante da censura fascista, que era hostil ao uso do dialeto, Contini desistiu de escrever outros artigos sobre ele. Três anos depois, em abril de 1946, Pasolini pediria sua autorização para republicá-la na revista friulana *Il Stroligut*, que ele dirigia.

Contini utilizou um termo que resumirá com frequência a personalidade de Pasolini (de outubro de 1949 até sua morte): "escândalo". Ao comparar *Poesie a Casarsa* a outras obras dialetais de valor, tal como a do veneziano Giacomo Noventa, e para colocar em evidência o aspecto moderno, contemporâneo e inovador do uso linguístico que Pasolini fazia do dialeto, Contini sublinhou a ausência de qualquer tonalidade "nostálgico-impressionista" em uma poesia "narcisista", que se encontrava em uma posição "violentamente subjetiva". Nesse texto crítico de densidade sutil, Contini também chamou a atenção para a revolução poética desse jovem escritor, que se inseria no recurso ao dialeto, o qual assim passava a ser "quase uma língua". E, acertadamente, depois de atribuir-lhe alguns padrinhos (Dino Campana, Pascoli e os parnasianos, que, de fato, Pasolini às vezes reivindicava como seus), ele insiste sobre o corpo, "essa coisa tenebrosa exposta à luz clara e nítida de uma nova língua". A esse elogio, de uma perspicácia admirável, se acrescentará o do poeta Alfonso Gatto, seu antigo professor em Bolonha e um dos seus futuros intérpretes no cinema, que reconhecerá nessas poesias friulanas "um pudor e uma ingenuidade dignos de um elogio antigo".

Pasolini hesitava em relação ao tema de dissertação sobre a História da Arte. Roberto Longhi aconselhou-o a escrever sobre a pintura contemporânea em vez de Leonardo da Vinci. Enquanto isso, ele fundou com seus amigos a revista *Il Setaccio.* O primeiro projeto, *Eredi* ("Os herdeiros"), havia sido transferido para quando a guerra terminasse. Além das poesias que aparecem nas cartas para os amigos, os primeiros artigos que Pasolini escreveu foram textos teóricos destinados a essa revista. A preocupação principal desse jovem intelectual, cuja capacidade de trabalho já era considerável, era definir uma cultura autônoma nesse Friul de sua eleição. Tratava-se de um gesto político lançado contra a ideologia fascista, que proibia o uso de línguas regionais; um gesto familiar dirigido ao pai que desprezava essa cultura inferior; e um gesto estético que ele nunca cessará de reivindicar, tanto no plano da constituição de uma memória poética nacional, como em *Passione e ideologia* (*Paixão e ideologia*) (1948-1958, publicado em 1960), que reúne os dois prefácios longuíssimos das antologias de poesia popular e dialetal, quanto no plano da justificativa de um empreendimento poético, romanesco e cinematográfico pessoal, quando, muito mais tarde, ele adquirirá instrumentos teóricos mais especializados, como em *Empirismo herético* (1964-1971, publicado em 1972). Mas para ele também era uma maneira de criar uma comunidade amigável e política à qual ele se integrava, dominando-a intelectualmente.

Suas crises de angústia, seu sentimento de exclusão sexual – do qual ele se defendia desajeitadamente em suas cartas, nas quais se vangloriava um pouco, dando a subentender ligações femininas, em um tom de camaradagem e jactância masculina muito artificial destinado aos amigos que, por seu lado, expressavam esse tipo de bazófia condescendente com naturalidade, mas que aparece claramente em todos seus textos íntimos que, na época, ninguém lera ainda – e suas dificuldades em família o induziram a engajar-se pessoalmente nessa batalha linguística e política, em que ele criou as primeiras armas literárias que contrastavam com suas poesias de iniciante, definidas por seu primo Nico Naldini da seguinte maneira:

> Os temas se inspiram no universo camponês de Casarsa, apresentado sob a forma de figuras de lendas. Fenômenos humanos e descrições do meio ambiente retornam no tempo até chegarem às míticas fontes de origem, projetando sobre o presente as longas sombras de uma nostalgia. Os versos que deles fluem não se perdem no nirvana das analogias herméticas, mas são escandidos em uma língua poética que se origina como de través entre as mais recentes experiências poéticas e outras mais clássicas, assumindo às vezes uma tonalidade solene, às vezes a de um realismo rural deliberado.
>
> Prefácio de *Un paese di temporali e di primule*, *op. cit.*

O ano escolar de 1941-1942 fora excepcionalmente produtivo para Pasolini, que desde o verão anterior já não tinha mais dúvidas a respeito da sua vocação poética. Mas ele estava pintando cada vez mais (seus quadros foram escolhidos por uma comissão presidida por Giorgio Morandi para uma exposição coletiva de estudantes) e começava a multiplicar os textos teóricos sobre essa língua não escrita que era o friulano de Casarsa, que ficava do outro lado do Tagliamento, em que os plurais tinham a marca do "s", os ditongos eram pronunciados à provençal e as desinências femininas do tipo latino eram numerosas.

O primeiro texto político que publicou foi o relatório de um encontro estudantil entre estudantes alemães e italianos em Weimar. No entanto, essa reunião europeia, que obedecia a uma política de propaganda cujo objetivo era reunir os jovens nazistas e fascistas, não foi uma ocasião de declarações ideológicas oficiais porque, segundo Nico Naldini, os estudantes espanhóis citaram poemas e artistas antifranquistas e antifascistas, como, por exemplo, Machado, Lorca e Picasso. Ao reivindicar "um ato imprevisível, porém justificado, de igualação e liberação", o texto de Pasolini mantinha um distanciamento da vontade de manipulação política. Pasolini esclareceu que seus amigos e ele conseguiram "contornar o sistema ou a barreira da cerimônia, por intermédio de uma atividade privada assídua, e, quase às escondidas, pelas costas, sondar a cultura europeia atual na sua entidade provável". Esse primeiro texto (publicado na revista estudantil fascista *Architrave*, 10 de agosto de 1942) redigido em um estilo pomposo, que ele nunca perderá totalmente nos seus textos teóricos, muitas vezes escritos apressadamente, era uma espécie de declaração voluntária da força da poesia italiana:

> Parece-me que nossa relativa superioridade sobre os estrangeiros aparece claramente quando achamos, como meus amigos e eu pensamos, que ao conversarmos com os jovens espanhóis podemos dialogar com uma certa facilidade sobre Machado, Garcia Lorca etc., enquanto eles desconhecem até o nome de Ungaretti, e ao conversamos com os estudantes de letras alemães podemos falar com eles sobre Nietzsche ou Kokoschka, enquanto eles ignoram tudo sobre Papini ou Carrà.*

Aqui se coloca, em termos embaralhados, o problema da tradição, que tenta derrubar a ideologia de um respeito pela herança cultural. "Aqui está a tradição, tão cara aos espíritos medíocres e interesseiros, ei-la resolvida na melhor juventude e amada, como se tivesse renascido, voltado a ser virgem novamente, para ser descoberta e apreciada por inteiro. Uma tradição passada pelo filtro da antitradição, uma tradição estudada pelos novos poetas." Curiosamente, a "velha França" está excluída desse sentimento de renovação poética. E, é claro, a Alemanha, que esvaziara suas livrarias de toda literatura clássica ou moderna. As pessoas se contentam, escreveu, em "viver culturalmente nas águas mortas da propaganda, ou em meio a uma arte realista ou de gênero". Entre os poetas italianos de referência que ele cita incluía-se Sandro Penna.

A partir do outono de 1942, ele começou a publicar uma série de artigos na revista *Setaccio.* Com apenas vinte anos, Pasolini já era ele mesmo. O último dos seus artigos, datado dessa época, criava uma teoria do "posicionamento civil dos intelectuais", que mais tarde se tornará sua ideia do "poeta civil", como o recordará Alberto Moravia no dia do seu enterro, no Campo de' fiori.

É óbvio que, sem deixar de reivindicar a "utilidade" do intelectual para a nação, o jovem Pasolini recusou qualquer utilização propagandista. Esse belo texto, corajoso, sutil na sua argumentação, hostil a qualquer instrumentalização imbecil do poder intelectual pelos governantes e a qualquer inércia por parte dos intelectuais, que preferiam o silêncio, e típico do que será o grande estilo pasoliniano, termina com um parêntese intimista e familiar:

> Minha mãe e eu estávamos sentados no aposento que protegera sua primeira infância e, depois, a minha. E eis que nesse aposento, vinda das sombras da noite, ouvimos ressoar uma voz: imóvel na frente da porta da nossa casa, um menino chamava um amigo. E, como antigamente, esse grito não provocou em mim a nostalgia do passado, de mim quando criança, ou de vagos temores, mas reconduziu-me, com uma nova dor, aos momentos que estávamos vivendo. No espaço de um instante, ele trouxe para mim, mais vivos, diante dos meus olhos, o rosto do meu pai e o do meu amigo mais querido [Ermes Parini, cujo nome Guido usara como nome de guerra], que a guerra me havia tirado. O primeiro eu não via há dois anos, do segundo eu não tinha mais notícias, e passava minhas horas mais tristes imaginando-o na Rússia,

ferido, perdido, prisioneiro... E, aqui, eu tinha o olhar sofrido da minha mãe diante de mim, e eu queria dizer tudo isso, mas era impossível: era violento, doloroso, vivo demais*.

Essa "digressão" final era, na realidade, uma implementação do que ele acabara de afirmar a respeito do modo teórico. Pasolini sempre escreverá assim, passando dos princípios intelectuais – mais especificamente, o dever de todo escritor de expressar-se livremente e o respeito devido à sua condição profissional como membro da sociedade civil com plenos direitos, independentemente de qualquer submissão às ordens do poder político, pois, a seu ver, havia outras maneiras de participar da vida política sob um estado totalitário do que ser o eco de uma ideologia dominante, o que, naquela época, era bom recordar – à compreensão imediata da sua natureza íntima, na qual toda a sua vida privada passava subitamente para um primeiro plano, porque era representativa de uma situação geral. Em contrapartida, temas essenciais estão inscritos nessas poucas linhas: a separação, a mãe, o pai, a amizade, a voz que surpreende inesperadamente e é a manifestação mais intensa da "realidade".

Paralelamente, Pasolini publicou seus primeiros textos críticos, nos quais já se instalava o tom que seria o seu em *Descrizioni di descrizioni* (*Descrições de descrições*) (1975) vinte anos mais tarde. Exclamações irônicas, ataques frontais, tomadas de posição subjetivas, cultura polimorfa, compromisso pessoal, fragmentos analíticos, arroubos líricos, dissecação seca, metáforas visuais. Seu primeiro texto crítico, publicado em *Architrave* em abril de 1942, portanto quatro meses antes do relatório de Weimar, sublinhava a necessidade do "sentimento de libertação" no uso dos gêneros literários, ou seja, da presença da "evocação poética" em todas as narrativas:

> Esse amor pela página lentamente meditada, esse abandono clarividente a uma escrita sutil, resultam em um modo de narração que não exige a necessidade de um início, de um fim, de uma trama construída e fechada, mas que, em geral, se abre a um período da vida humana com um início confuso, semelhante às brumas matinais oriundas da noite, que, depois, é dissipado no desconhecido das possibilidades futuras infinitas.*

Seus primeiros artigos atacavam (um pouco como o fará mais tarde Roland Barthes, a quem tanto admirará e que o admirará tanto) o estilo dominante da crítica literária oficial. Insatisfeito, por exemplo, com o modo como Sandro Penna – cujo nome ele citara várias vezes nos primeiros textos, o que fará sempre, até a véspera da sua morte, quando voltará a dizer em Estocolmo que Penna era o maior poeta italiano – era analisado, mesmo por aqueles que o amavam, ele conseguiu expressar-se diretamente, mas de uma maneira que, na verdade, não era inteiramente sincera, pois ele percebia claramente na obra de Penna um espelho inconfesso da obra que ele gostaria de ter escrito:

> Poesia inteiramente dissolvida em sua candura, que é definitiva, e pureza poética, cuja imoralidade não depõe absolutamente em seu desfavor, por causa de sua extrema densidade e por estar totalmente impregnada de sofrimentos humanos anteriores, que somente a poesia é capaz de extinguir de forma provisória.*

Pasolini também escreveu sobre a pintura e a crítica de arte. Embora seja nessa época que ele tenha criado fundamentos extremamente sólidos, sua verdadeira atividade literária começará somente depois da guerra, quando todos esses primeiros elementos teóricos, poéticos e narrativos serão integrados a projetos de maior envergadura.

Em 1965, em uma entrevista para Ferdinando Camon (em *Il mestiere di scrittore*, *op. cit.*) ele comentou seu interesse crescente pela cultura friulana nos anos 1943-1950 e sua decisão de fundar com seus amigos a *Academiuta de lenga furlana* (Academia de Língua Friulana):

> O objetivo da Academia era duplo: por um lado, ela atendia a uma exigência nostálgico-conservadora, isto é, regionalista: o amor pelo Friul como uma pequena pátria em si, uma pequena ilha linguística e moral; por outro lado, ela propunha estudos linguísticos voltados para o futuro. Como em todas as minhas obras daquela época, podemos distinguir no fundo uma parte nostálgico-cristã-romântica e uma parte populista-humanitária. Concretamente, eu considerava o friulano uma língua poética, ou, em outras palavras, pronta para a poesia. [...] Minhas primeiras poesias em friulano refletiam, por um lado, uma friulidade como língua e, por outro, um halo sentimental e vagamente socialista do tipo cristão-romântico: os camponeses com suas vésperas e sinos.

Nos *Quaderni rossi*, Pasolini revela a intensidade dos seus fantasmas sexuais que datam deste período (1942-1943) e, como já apontamos, as veleidades suicidas que os acompanhavam. Pouco a pouco começava a se destacar a figura do seu primeiro amante, Bruno:

> Um rosto descolorido e irregular, fortemente queimado pelo sol; no lábio inferior, uma cicatriz visível. O peito seminu e magro, coberto apenas por um casaco de pele, exalava um cheiro de poeira e água de rio, eu não sei, que provocava em mim um leve asco, ainda mais que a ele se misturava o cheiro de um "milit" [cigarro que era distribuído gratuitamente entre os soldados durante a guerra].

Essa descrição poderia aplicar-se a inúmeros amantes por vir, em todo caso a toda uma população imaginária que invadirá seus filmes e romances. Pasolini descobrira uma sexualidade relativamente livre, pelo menos emancipada da culpabilidade católica, mesmo sendo apenas uma sexualidade animal, companheirismo, sem nenhum outro investimento sentimental além daquele que, às vezes, permitia uma certa sensibilidade, ou, nos adolescentes, uma espécie de fragilidade afetiva, uma necessidade de ternura. O pudor sentimental contrastava com o despudor sexual. A simplicidade da educação, ou a ausência total de uma supervisão familiar e afetiva daqueles jovens, criava uma zona afetiva de um tipo novo para Pasolini que, a partir de agora, separará seu universo intelectual, reservado aos seus amigos de Bolonha, colaboradores de várias revistas da juventude fascista "esclarecida" (que, no entanto, expressava sua independência contra as palavras de ordem do regime), e seu mundo sexual, mais elementar, sem que por isso estivesse ausente um fator afetivo muito forte.

Como evidenciam os *Quaderni rossi*, e também suas obras mais acabadas, tal como *Amado mio* e *Atti impuri*, Pasolini se fixava sucessivamente em alguns rapazes, e já se podia perceber como nele se preparava a paixão que o uniria, muito mais tarde, a Ninetto Davoli durante a filmagem de *La ricotta*, quando ele o conheceu. Seu primeiro amante, Bruno, revelou-lhe a força sexual do que, até então, não passava de uma espécie de desejo genérico e abstrato:

> Para mim, até então, os rapazes haviam sido, no fundo, anjos sem sexo: eu nunca os vira. Naquele tempo, eu não o percebera, mas agora eu poderia dizer que em Bruno, no seu sexo, havia algo... como poderia dizer? ... de priápico...

Um sonho que Pasolini perseguirá até o fim da sua vida, nas imagens dos seus filmes, nas suas poesias.

Em *Transumanar e organizzar*, por exemplo, ele faz várias alusões a seus encontros nas favelas, no Rio de Janeiro, onde estivera durante a primavera de 1970 com Maria Callas para promover *Medeia* na América do Sul:

> Boa vontade não me falta
> mas não se pode falar uma língua desconhecida:

Não falo aqui dos dialetos ou jargões
mas de uma língua franca qualquer que serviria
para abolir a dissociação: fosse ela mimética (uma certa maneira de sorrir)
A riqueza dá uma sabedoria estranha;
esse distanciamento da vida que dá a santidade;
Em todo caso, a verdadeira solidariedade será perdida.
Outrora, quando eu caminhava pelas ruas
eu era o irmão do cão e do varredor;
agora um pouco de riqueza me separa deles;
mas uma experiência feita (eu espero) não deve ser perdida;
aprendi a linguagem do relacionamento entre a escória e a ralé;
Eu sei o que dizer e como dizê-lo, em todos os casos.

Ainda no Rio de Janeiro, Pasolini (no poema *Hierarchia*) descobrirá uma fraternidade irrealista com o subproletariado das favelas com um rapaz que ele chama de Joaquim :

Oh, Brasil, minha pátria infeliz,
destinada sem escolha à felicidade,
(o dinheiro e a carne são senhores de tudo, quando se é tão poético)
internamente cada um dos seus habitantes é meu concidadão,
existe um anjo que ignora tudo,
sempre debruçado sobre seu sexo,
movimenta-se, velho ou jovem,
para pegar nas armas e lutar
indiferente pelo fascismo ou pela liberdade.

Na revista de cinema *Bianco e Nero*, março-abril de 1971, Pasolini recorda esse encontro com Joaquim em um poema, "*Res sunt nomina*", que ele retomará em *Empirismo eretico*, quando acompanhou o rapaz até uma favela. Sua experiência se aproxima de modo muito intenso daquelas que conhecera nos anos 50, nas favelas dos subúrbios de Roma. Uma experiência humana, linguística e estética que será o ponto de partida para uma reflexão sobre o cinema e sua relação com a realidade.

A essa reflexão, que Pasolini desenvolverá com frequência, não apenas no *Empirismo eretico*, mas também em várias entrevistas, se junta outra, mais profunda, sobre a criação artística e sua submissão à "realidade".

> Há no mundo (!) uma máquina que não é chamada à toa de "máquina de filmar";
> É a "Comerealidade", ou a "Olho-Boca", como preferir.
> Não se limita a observar Joaquim com seu pai e sua mãe na favela.
> Observa-o e reproduz.
> O faz falar através dele mesmo e dos pais.
> Na reprodução – na tela pequena ou grande –
> decifro-o (mestiço? português? índio? holandês? negro?)
> como na realidade.
> [...] Na tela pequena ou grande do laboratório, ele é linguagem.
> Se o decifro como linguagem nessa tela, pequena ou grande,
> e se não o decifrei de outra forma nessa realidade, dia real
> do final de março de 1970 na favela a caminho da Barra –
> Então a linguagem da "Comerealidade" é uma linguagem irmã
> daquela da Realidade.

Desta forma, Pasolini organizou o que ele chamou de "uma filosofia do cinema", que, na realidade, era uma estética do realismo poético. Essa experiência de inibição intimidada diante do subproletariado ("um Ser que está ali e não ama", diz Pasolini um pouco mais adiante nesse mesmo poema teórico), ele a terá cada vez mais ao longo da vida, com a derradeira humilhação de precisar recorrer à venalidade para entrar em contato com esse subproletariado, que era seu meio de acesso à realidade poética. Uma venalidade que terá a consequência mortal que sabemos. Por uma nota de 20 mil liras.

Eis como, em *Io, Angelo Nero* (*op. cit.*), Pino Pelosi conta seu encontro com Pasolini, que dirigia um Alfa Romeo GT conversível 2000:

Ele fez sinal para eu me aproximar e, quando me encostei à porta do carro, pediu informações para chegar a uma rua. Eu dei a informação imediatamente, mas ele disse que não entendera direito, e se eu podia ter a gentileza de acompanhá--lo, que ele me recompensaria pelo serviço. Algum dinheiro a mais teria sido bem-vindo naquele momento. Avisei meus amigos que voltaria em dez minutos e entrei no carro. Claro que percebi logo quais eram suas verdadeiras intenções, mesmo porque ele nem tentou disfarçá-las quando se aproximou e, sorrindo, disse: "Olha, por que não vamos dar uma volta? Vamos procurar um lugarzinho tranquilo, eu só quero tocar um pouco teu pau, em troca te dou 20 mil liras. E aí, algum problema? Em cinco minutos você terá duas belas notas de 10 mil no bolso". Eu pensei: "Pô, um amasso, 20 mil e vou embora, e daí? O que tenho a perder?".

Dos 20 aos 50 anos, Pasolini passará da abordagem evangélica e sublimada dos rapazes do Friul, cujos abraços sexuais eram quase "estonteantes", à observação sistemática da sociedade do submundo romano, ao encontro artístico (com Franco Citti, o ator que interpretará *Accattone*, *Édipo Rei* e vários outros papéis na *Trilogia da vida*, ou Ettore Garofalo, o jovem pizzaiolo contratado para trabalhar em *Mamma Roma)*, ao amor (Ninetto Davoli), à reflexão abstrata sobre qualquer relação com o real e, finalmente, à venalidade, que terminou no seu assassinato.

Nos *Quaderni rossi*, ele contou seu primeiro abraço amoroso na margem do Tagliamento, o rio do Friul que forma a fronteira entre duas zonas dialetais, como o fim de um sonho:

Quando tentei tomá-lo em cima de uma extensão de areia, fora do alcance de quaisquer olhares, ele consentiu sem hesitar. Mas meu sonho foi definitivamente estragado, tão pobre era o abraço daquela criança. Além disso, uma tempestade repentina levantou uma muralha de areia no Tagliamento e nos expulsou.

Ele reescreverá a história de amor para Bruno em *Atti impuri* –, mas censurando a descrição da passagem ao ato sexual, que, aliás, ele deixa subentendido de modo relativamente claro. Quando Pasolini destinava essas confissões para serem publicadas ele era de uma audácia extrema, embora tivesse decidido que a desilusão do prazer amoroso seria excluída no detalhe. É evidente que o que o continha não era o medo de chocar, pois o texto não recorre a nenhuma técnica de perífrase atemorizada ou pudica, mas o de se estender de modo muito preciso sobre o fracasso da realidade em relação à sua fantasia. A cena transformou-se em: "Não bastou que, em março de 1944, o destino me fizesse encontrá-lo (eu havia matado aula) e o fizesse vir comigo a contragosto até o leito perigoso de um fosso coberto de prímulas. O abraço foi precário e difícil, uma verdadeira decepção". Ao relembrar esses encontros, Pasolini explica:

> Ele crescia, e isso me deixava com ciúmes e deprimido, não apenas porque eu agora considerava nossas uniões desprovidas de qualquer amor, mas também porque eu via formar-se nele o segredo, o segredo do sexo como uma "beleza inocente", o segredo da virilidade distraída e ocupada por ídolos que a sequestravam para um mundo completamente diferente daquele do meu amor.
>
> *Atti impuri, op. cit.*

Não obstante, nos seus textos íntimos Pasolini descreve seu encontro com Bruno como sua "primeira experiência amorosa" e acrescenta: "Ninguém entre aqueles que vivem de maneira normal pode supor o sentido milagroso que eu atribuía ao que me acontecia. Para mim se concretizava o absurdo da eternidade cortada ao meio".

Paralelamente a essa paixão por Bruno, Pasolini mantinha uma amizade com a jovem eslovena Pina Kalc (que ele chama de Dina em *Atti impuri*). "Tornamos-nos inseparáveis, e ainda assim ela continuava a ser um peso para mim por causa da sua intranquilidade, que se manifestava exageradamente em relação à minha intimidade". A amizade amorosa que se criara entre os dois era, inevitavelmente, desequilibrada: "E, assim, a imensa clareira com seus dois carvalhos solitários – raríssimos nessa região –, que havia sido nosso objetivo, nos viu em pleno sofrimento: eu (pelo menos na superfície) sofria de tédio; ela, de desejo".

Pina era uma violinista refugiada da Áustria, onde nascera (em Villa Opicina, na Estíria), mais velha do que Pier Paolo, que vivia com sua irmã e seu cunhado em Casarsa. "Ela era muito inteligente e talentosa", escreveu Pasolini a seu respeito nos *Quaderni rossi*, "mas conservava uma alma (ou um corpo?) de menina." Pina estudara música em Trieste e dera aulas em Maribor, na Eslovênia, onde tocara na Orquestra Filarmônica. Depois da guerra ela faria parte da Orquestra Filarmônica de Trieste.

Pina se apegou a Pasolini, que estava apavorado pela paixão que provocara. Ela declarou seu amor a ele em uma longa carta à qual ele não respondeu. "Era um gesto como todos aqueles que ela costumava fazer para mim, um gesto repentino, levado pelo vento e jogado para trás, nas nossas costas." Ela tocava Janacek e Bach para seu amigo. Pasolini escreveu sobre este último um longo estudo musicológico que não publicou, mas que foi inserido em suas obras póstumas (*Saggi sulla letteratura e l'arte*, volume 1, Mondadori, "Meridiani"). Nesse estudo, ele tentou fazer uma abordagem comparativa das artes, da música e da poesia em particular, a partir de exemplos de análises musicais (especialmente a *Sonata nº 1 em sol menor* de Bach para violino solo):

> Primeiro o silêncio, depois o som ou a palavra. Mas um som e uma palavra sozinhos, que nos conduzam imediatamente para o coração do discurso. Eu disse: discurso. Se há uma relação

> entre a música e a poesia, ela reside na analogia, humana, aliás, que consiste em transmutar o sentimento em discurso, com essa reserva, essa medida, essa aflição, que são naturalmente comuns a qualquer obra de arte. Basta lembrar o Partenon, um São Pedro de Masaccio, os *Sepulcros* [de Foscolo], a Quinta Sinfonia. Em todos encontramos o mesmo início perfeito, isto é, a passagem perfeita do nada para a realidade da obra, a mesma conclusão perfeita, o mesmo desenvolvimento perfeito. E, no fundo de tudo, um sentimento, uma paixão, uma experiência humana, que se transformam em figuras concretas. Semelhanças como essas são mais sensíveis entre a arte musical e a arte poética.*

Nos seus *Quaderni rossi*, e em certas partes dos *Atti impuri*, que depois ele abandonaria, Pasolini desenvolveu essas ideias (que ele também retomou na sua defesa de tese sobre Pascoli):

> O que me interessava principalmente era o *Siciliano* [da *Sonata nº 1 em sol menor*], porque eu lhe havia dado um conteúdo, e cada vez que o escutava, com sua ternura e dilaceramento, ele me colocava diante desse conteúdo: uma luta cantada até o infinito, entre a Carne e o Céu, entre algumas notas baixas, veladas, quentes, e algumas notas estridentes, puras, abstratas. Como eu tomava partido pela Carne! Como eu tinha a sensação de que meu coração era arrancado por aquelas seis notas que, por uma superposição ingênua de imagens, eu imaginava que eram cantadas por um rapaz. E como, ao contrário, eu tinha a impressão de me recusar às notas celestes! É evidente que eu sofria de amor, ali também; mas meu amor transposto para o plano intelectual e transvestido em Amor sagrado não era menos cruel.*

Em *Atti impuri*, o narrador pede a Dina (Pina Kalc) que lhe ensine a tocar o violino: "Eu preciso me expressar através da música. Eu sinto que a música é minha forma mais verdadeira de sentir amor...". E ele acrescenta que quer compor com "uma nova técnica musical":

> De repente, no momento mais exacerbado e terno da melodia, as dissonâncias intervieram, escolhidas e dosadas com uma racionalidade extrema... Além delas, também, é claro, os acordes falsos. [...] Se eu pudesse me transportar de corpo inteiro na alma do rouxinol, sem trair essa doçura patética... essa ingenuidade exasperante... essa ordem na paixão.
>
> *Op. cit.*

A irmã de Pina era grande amiga de Susanna Colussi, a mãe de Pier Paolo, e o seria durante muitos anos. Em uma entrevista para Francesca Cadel (trinta anos depois do assassinato de Pasolini), Pina Kalc, que então já era uma octogenária, lembrou que Pier Paolo não lhe dera uma resposta clara sobre os boatos que circulavam sobre seus usos e costumes:

> Pouco antes de rompermos, eu perguntei a ele sobre isso, muito discretamente, dizendo que estavam espalhando boatos a seu respeito. Ele apenas respondeu: "E se fosse verdade?". Essas foram suas últimas palavras antes que eu fosse embora. Mas esse clima [de denúncia sexual] não penetrava realmente, nós não sofremos por causa disso, nem estávamos implicados nessas calúnias. Havia pessoas com uma mentalidade muito pé no chão, sem nenhum arrebatamento, nenhum idealismo, nenhum desejo de ampliar suas próprias ideias, reflexões, que talvez se contentassem com alguma coisa dúbia, obscura. Mas, em geral, quando a história ficou conhecida, aqueles que eram próximos a Pier Paolo não quiseram aceitá-la, não queriam acreditar nela. Eles tentaram recusá-la.
>
> Francesca Cadel, *op. cit.*

Nessa mesma entrevista, Pina falou da emoção que sentia quando o ouvia dar aulas particulares sobre Leopardi, Pascoli ou Carducci, a respeito de quem ironizava. Por sua vez, ele ia ouvi-la tocar violino. E eles participavam de atividades no teatro: montaram juntos *As crianças e os elfos*, uma peça de teatro para crianças, Pina dirigiu o *coro dei fantas* (o coro das crianças) de Casarsa, para o qual escreveram juntos – texto de Pasolini, música de Pina Kalc – pequenas canções, citadas em *Memoria di un spectaculut*, na revista friulana *Stroligut di cà da l'aga*, a primeira das várias revistas que Pasolini fundou em volta das atividades da Academia de Língua Friulana, e republicadas pelo *Circolo filologico linguistico padovano*, Pádua, 1983.

Alguns meses depois da partida de Pina, Pier Paolo escreveu-lhe:

> A covardia, os pudores e os impedimentos revelam-se agora os meios de uma necessidade impassível que, como uma correnteza, nos carregou separados, isolados em seu turbilhão. Daí porque eu ainda fico muito emocionado com sua imagem tocando Bach. Você construiu um edifício muito sólido na minha vida.

Foi nessa mesma época que Guido, que ainda estava no ginásio, começou a participar das atividades políticas clandestinas da Resistência Comunista contra o fascismo e o nazismo. Havia suspeitas que Pier Paolo também participava dessas atividades, e ele foi convocado pela polícia e interrogado. Foram suas primeiras dificuldades com a justiça. Contudo, embora admirasse muito a coragem do irmão mais jovem, ele não participou dessas ações. Na rubrica "Dialoghi con Pasolini", de *Vie Nuove* (retomada sob o título *Le belle bandiere*, em 1977, por Garzanti), Pasolini responderá (nos anos 60) à pergunta de um leitor romano a respeito de Guido:

> A história pode ser contada em poucas palavras: minha mãe, meu irmão e eu fomos evacuados de Bolonha para Casarsa, no Friul. Meu irmão continuou seus estudos em Pordenone. Ele estava no científico, tinha 19 anos. Ele entrou imediatamente para a Resistência. Eu, que era mais velho do que ele, o convencera a aderir ao antifascismo mais inflamado, com a paixão dos catecúmenos, porque havia apenas dois anos, na minha adolescência, eu também tomara conhecimento do fato que

> o mundo no qual eu crescera sem nenhuma perspectiva era um mundo ridículo e absurdo. Alguns amigos comunistas de Pordenone (eu ainda não havia lido Marx e era um liberal, da tendência do Partito d'Azione) levaram Guido com eles para a luta ativa. Alguns meses depois ele partiu para a montanha, onde se lutava. Um édito de Graziani conclamando para pegar em armas foi a causa fortuita da sua partida, uma desculpa para dar à minha mãe. Acompanhei-o até o trem com sua pequena mala na qual o revólver estava escondido dentro de um livro de poesias. Nos beijamos. Essa foi a última vez que o vi.*

Seu primo Nico analisa o alistamento de Guido de forma mais psicológica e familiar:

> Guido sofria com o relacionamento exclusivo entre a mãe e o irmão. Mas eles o amavam. Em um certo momento, ele teve uma crise de nervos, uma crise de nervos de verdade. Guido era um rapaz idealista e seu destino estava marcado. Eu acho que teria lutado ao lado dos camponeses de qualquer forma. Mas ele também o fez para ter um papel na família, isto é, enquanto Pier Paolo ficava em casa ao lado da mãezinha, Guido decidira correr um perigo relativo. Entre os dois irmãos quem correu maiores riscos foi ele, enquanto o outro ficava junto da sua mãezinha e escrevia poemas.
>
> Francesca Cadel, *op. cit.*

Pier Paolo estava completamente ocupado com as atividades pedagógicas que iniciara havia alguns meses em Versuta, junto com sua mãe, em uma casinha no meio do campo, para ensinar as crianças que não haviam podido continuar seus estudos por causa da guerra. Da guerra em si, Pasolini teve apenas uma breve experiência no exército. Depois de ser mobilizado no dia 1º de setembro de 1943, ele jogou as armas fora e fugiu, escondendo-se em um fosso no dia 8 de setembro, quando o armistício foi declarado.

Guido, que fazia parte da brigada "Osoppo", roubava munições, entrava às escondidas nas barracas dos alemães que haviam requisitado as casernas italianas. Ele deixou-se fotografar dentro de um avião alemão e refugiou-se nas colinas. Os problemas começaram a partir do outono de 1944, quando os eslovenos de Tito exigiram que a célula de resistência da brigada de Guido fosse absorvida pelo exército regular. Guido escreveu uma longa carta para seu irmão, na qual a gravidade dos acontecimentos indicava que estava sendo ameaçado. Mas Pier Paolo estava muito ocupado com seus problemas de má consciência sexual para avaliar a ameaça que pesava sobre a vida do irmão.

Obcecado pela perda da sua pureza, Pasolini temia (o que, aliás, será um *leitmotiv* da sua criação poética e cinematográfica) ter perdido o contato direto com a realidade poética do mundo. "Agora que passei, em parte, para o outro lado, agora que eu havia lançado pelo menos um olhar atrás das fronteiras daquela beleza e daquele mistério, a natureza começava a recuar, a fechar-se na sua pura funcionalidade" (*Quaderni rossi*).

No dia 12 de fevereiro de 1945, Guido foi assassinado por uma brigada que aceitara o comando esloveno de Tito e queria anexar o Friul. Guido foi vítima daqueles que deveriam ter sido seus aliados no combate contra o fascismo e o nazismo. Esse episódio desafortunado da Resistência italiana terá uma importância gigantesca na vida de Pier Paolo, determinará o estado psicológico da sua mãe, a quem esse luto obcecará, e terá uma influência imensa na sua relação com ela. A partir de agora lhe será impossível fazer sua vida sem ela. Susanna e Pier Paolo souberam da morte de Guido somente em maio, e não imediatamente.

Em agosto de 1945, Pier Paolo, que ficara em Versuta, escreveu para seu amigo Luciano Serra, que morava em Bolonha:

> A infelicidade que caiu sobre nós, minha mãe e eu, é como uma montanha imensa, pavorosa, que precisamos vencer, e quanto mais nos afastamos dela, mais ela nos parece alta e terrível lá no fundo do horizonte. Eu não consigo escrever sobre isso sem

> chorar, e todos os meus pensamentos me chegam confusamente, como lágrimas. No início, eu só conseguia sentir um horror, uma repugnância para viver, e o único reconforto, o reconforto inesperado, era acreditar na existência de um destino do qual não se pode escapar e que, portanto, é humanamente justo. Você deve se lembrar do entusiasmo de Guido e desta frase que, dia após dia, martelava na minha mente: ele não conseguiu sobreviver ao seu entusiasmo.

Pier Paolo disse sobre a morte do irmão o mesmo que se dirá da sua própria morte: "Ele escolheu a morte, a desejou, e isso desde o primeiro dia da nossa subserviência". No entanto, a morte do irmão pelas mãos dos comunistas não o impedirá, em 1947, de inscrever-se na célula comunista do burgo de San Giovanni.

Seis meses mais tarde, Pasolini escreveu para Franco Farolfi, que estava em Parma: "A dor não melhorou, ela está piorando. Se a ausência do meu irmão não produz mais aquele espanto intolerável dos primeiros meses, ela agora penetrou em mim, espalhou-se pela minha alma e deprime todos os impulsos e os momentos da minha existência. Tudo ao meu redor coloriu-se de uma cor sórdida e horrorosa". Dezesseis anos mais tarde, em 1961, sempre no seu testemunho em *Vie Nuove*, citado anteriormente (15 de julho de 1961), ele escreverá:

> Ele morreu de uma maneira que não tenho coragem de contar. Ele poderia ter se salvado naquele dia. Ele morreu porque foi ajudar seus companheiros e seu comandante. Eu não acredito que haja um único comunista que possa desaprovar a ação do guerrilheiro Guido Pasolini. Eu tenho orgulho dele e é sua lembrança, aquela da sua generosidade, da sua paixão, que me obriga a continuar no caminho que estou. Que sua morte tenha acontecido dessa maneira, numa situação complexa e, aparentemente, difícil de ser julgada, não me permite nenhuma hesitação. Ela me conforta apenas na convicção de que nada é simples, nada se produz sem complicações e sofrimentos, e que o mais importante é a lucidez crítica que

destrói as palavras e as convenções e vai ao fundo das coisas, na sua verdade secreta e inalienável.*

Nesse meio-tempo, Pasolini multiplicara suas atividades intelectuais e pedagógicas: ele escreveu poesias e artigos de fundo em italiano e friulano e redigiu algumas primeiras peças de teatro tal como, por exemplo, *Il Cappellano*, que ele retrabalhará durante praticamente vinte anos (1946 a 1965) e será encenada sob o título definitivo *Nel'46*. Em Versata, onde morava e ensinava com a mãe, ele fundou a *Academiuta di lenga furlana*. Como explicou na época, o friulano era uma forma de chegar à "melodia infinita" reivindicada pelos simbolistas, sem deixar de reconhecer sua dívida para com os trovadores provençais, e à sua poesia hermética (chamada de *troba clus*, isto é, "a escrita fechada"). "Nosso *Decameron*", diz Pasolini, "seria uma espécie de Arcádia".

Sob a direção da *Academiuta*, ele começou a publicar uma série de folhetos poéticos no Friul que eram impressos em pequenos impressores (*Poesia*, *Diarii*, *I pianti*, *Dov'è la mia patria*) e que serão retomados em 1954, em uma coletânea publicada por Salvatore Sciascia em Caltanisetta, na Sicília, sob o título *Dal diario* (1945-1947). Essas poesias, que haviam sido rejeitadas na primeira coletânea "nacional" de Pasolini, *L'Usignolo della Chiesa Cattolica* (*O rouxinol da Igreja Católica*), constituída por obras datadas da mesma época e até, para alguns, de 1943, têm um tom elegíaco tanto leopardiano como petrarquisante:

Como um náufrago incólume, volto-me
e vejo, enternecidos pelo passado,
atrás de mim, oceanos de violetas
raras, silenciosas prímulas.
E logo um sonho mais distante que o céu
a paisagem de botões em flor azuis
que o abril transparente amornava.

Ou, ainda, o tema de vozes pegas de surpresa:

> Depois duas vozes, quase não emergindo, se dissipam em suspiros contidos... e nos risos, também, em risos entremeados numa atmosfera obscura, na mornidão da noite.

A guerra terminara. Desgastado pela prisão, e prostrado pela notícia da morte do filho caçula, seu pai voltou do Quênia. Ele foi se encontrar com Susanna e Pier Paolo em Versuta, e depois todos foram morar na casa da irmã de Pina Kalc, em Casarsa, que havia sido bombardeada, e onde a casa dos Colussi havia sido destruída. Pina partira para trabalhar em Trieste. Pasolini escreveu para Silvana Mauri, que se tornara a figura feminina preponderante entre aqueles que o rodeavam: "O retorno do meu pai deixou-me em um estado mental confuso, porém menos insuportável do que nos últimos meses". O estado psíquico de seu pai agravou-se. Embora ainda fosse relativamente jovem, pois não completara ainda 60 anos, ele não tinha mais uma atividade militar e ficava em casa. Mas sua inatividade, seu alcoolismo e seu temperamento colérico provocavam crises que às vezes exigiam uma intervenção psiquiátrica.

Os trabalhos da *Academiuta* foram colocados sob a égide da memória de um morto, Guido: "Um exemplo de heroísmo desesperado, de entusiasmo mudo". Pasolini queria ampliar suas atividades militantes, que exigiam a autonomia do Friul, e, ao mesmo tempo, obter a glória nacional que Montale parecia prometer-lhe depois de ter chamado a atenção sobre ele e citado uma das suas poesias no jornal de Florença.

Em abril, Pasolini passa uma breve estadia em Roma, onde ficou na casa do seu tio, Gino Colussi. Ele escreveu para Tonuti (Antonio) Spagnol, um dos seus alunos de Versuta, por quem se apaixonara: "Agora, quando estou mergulhando no brilho ofuscante de um teatro, parece-me impossível que haja no mundo alguém que conduza vacas, que remende roupa de noite ao lado da lareira, que faça enxertos nas plantas... No entanto, certamente é esta a verdadeira vida do homem".

Pasolini começou sua autobiografia no mês seguinte, maio de 1946. Ele estava com 24 anos e fez um balanço da sua vida com uma lucidez impressionante. Esses *Quaderni rossi*, que já foram citados com frequência, serão a matriz de vários esboços de romances, tais como *Pagine involontarie*, *Atti impuri*, *Amado mio*, *Danza di Narciso*, e uma fonte de explicações para a compreensão da sua personalidade. Em outubro de 1946, Pasolini voltou para Roma. Embora tivesse publicado uma grande quantidade de textos a respeito, ele começou a distanciar-se das posições políticas e linguísticas em relação à autonomia do Friul. Roma já exercia uma atração incontrolável sobre ele. Ele contou para o jovem Tonuti Spagnol, que não completara nem 16 anos, como quis isolar-se numa margem do rio Tibre: "Eu estava a cerca de 20 metros abaixo do nível da cidade, e seus sons me chegavam às vezes abafados, como se viessem de outro mundo. Eu não conseguia acreditar que bastaria descer uma escada para chegar à solidão mais absoluta no coração de uma metrópole". Ele situará o início de *Ragazzi di vita* nesse lugar.

Depois de Bruno, e outros, Tonuti Spagnol ocupa todos os seus pensamentos nos *Quaderni rossi*:

> Com a exceção das minhas estátuas, eu não gosto de mais nada, nem mesmo de T. Sei disso há muito tempo, mas cada vez que o repito para mim mesmo preciso fazer um grande esforço para vencer a resistência da minha covardia. "Eu não amo T.". Mesmo essa negação está cheia de impurezas. Minha morosidade para amar não tenta ser aquela que não o ama, principalmente quando meu relacionamento com ele não mudou, quando ainda exijo dele uma complacência amorosa.

Em *Atti impuri*, Tonuti, rebatizado de Nisiuti, também invade a narrativa com as contradições inerentes a qualquer sentimento amoroso contrariado:

> Eu o amo. Quantas vezes desde aquele mês de maio apertei-o contra meu peito, quantos beijos não depus nos seus lábios suaves, conciliadores! De vez em quando o sopro encantador desse amor parece desvanecer-se, e o corpo de Nisiuti me aparece com uma nitidez esmagadora, humilde e descoberto. Depois dessas tréguas, o encantamento aparece nele mais acentuado, mais doce e mais nobre; seus olhos adquirem novamente seu brilho terno interior...
>
> *Op. cit.*

No final de 1951, Pasolini terá a impressão de sair do terrível túnel da sua chegada em Roma. Em uma carta para Tonuti, que acabara de escrever-lhe, perguntando o que ele fizera com seus poemas e afirmando que "estou morrendo de desejo de ver você novamente, sua mãe e você, se você tiver a oportunidade de vir a Casarsa...", ele dirá:

> Por enquanto, vou lhe dizer uma coisa: você foi a época mais bela da minha vida. Por isso eu nunca poderei esquecer você, e manterei você constantemente na minha memória mais profunda, como uma razão de vida. Eu digo essas coisas para você racionalmente, como se fossem axiomas. Mas é o que serão a partir de agora, e não há outra maneira para expressá-las. Não há nada que eu seja mais agradecido ao destino do que ter amado você.

Ele continuará apaixonado por Tonuti por muitos anos ainda e nunca perderá o contato com esse rapaz poeta, filho de camponeses, particularmente talentoso. Tonuti participou da *Academiuta di lenga furlana*. Pasolini publicou-o em *Il stroligut* e o citará em vários textos críticos. Especialmente em "Poesia d'oggi", quando analisou seu poema "Cresima", apontando o "rigor do ditado que não usa nem um truque na descrição de uma situação sentimental, como se fosse um teorema". O termo "teorema" aparece aqui pela primeira vez e mais adiante tomaremos conhecimento da sua importância. Ele o apresentará ainda mais completamente em *La Fiera letteraria*, nº 23, em 6 de junho de 1954:

> Tonuti não tinha nada de criança prodígio. Ele não pertencia a uma família burguesa para sê-lo no sentido comum da definição, nem começava como poeta ou cantor "popular" para sê-lo no sentido que lhe dariam os demopsicólogos. Camponês, recém-adolescente, ele foi colocado pelas circunstâncias – estávamos no meio da guerra – em contato com a cultura da outra classe social, mais informada, com Lorca, Montale... Mas não podemos deixar de considerar o fato de que Tonuti pertencia a uma família camponesa do Friul mais civilizado, que eram arrendatários rurais católicos que, apesar da sua rudez agreste e salubre, como acontece muitas vezes em numerosas zonas da Itália do Norte, estavam muito próximos nos seus costumes e ideias da pequena burguesia provinciana. Um dos seus filhos podia ser um "sensível", e assim era o adolescente Tonuti. Exatamente devido à ausência de uma deseducação escolar e moralista de jovem burguês, sua assimilação, de um gosto poético muito difícil e ainda de vanguarda, foi rápida e natural. Os resultados são muitas vezes deliciosos, sem nenhuma complacência estética da nossa parte no nosso julgamento*.

Pasolini também o citará em *Passione e ideologia* (Paixão e ideologia) (1960).

O nome de Pasolini começava a ser conhecido no mundo das letras, embora de uma maneira certamente muito confidencial. Sua coletânea, ainda inédita, a primeira em italiano, de *L'Usignolo della Chiesa Cattolica* (*O rouxinol da Igreja Católica*), recebeu uma menção em um prêmio literário (*Libera Stampa*). Contudo, ele só será publicado cerca de dez anos depois (em 1958), quando seu nome terá uma enorme repercussão como romancista.

Por enquanto, ele continuava a ensinar os jovens adolescentes, só que dessa vez a partir da sua integração no sistema oficial educacional. Ele foi nomeado para um colégio de Valvasone, que ficava perto de Pordenone, uma das duas principais cidades da província do Friul. Embora tivesse concluído seu mestrado (sobre Pascoli) e recebido uma menção de louvor do corpo de jurados, ele não se destinava a uma carreira universitária e interrompeu novas pesquisas sobre o existencialismo.

A partir das leituras de alguns textos inéditos, que foram reunidos em "*Meridiani*" em suas obras completas, ou artigos publicados, é estranho constatar como seu destino literário poderia ter sido semelhante ao de Roland Barthes. Ele escreveu, por exemplo, o início de um ensaio sobre Racine, que apresenta uma liberdade extraordinária de tom associada a uma grande erudição, um conhecimento profundo da musicalidade francesa. Ocorre o mesmo com seu texto sobre Sainte-Beuve. Mas a polivalência da sua inteligência e a multiplicidade dos seus centros de interesse não o distanciaram da sua primeira obra, que era poética.

Não há dúvida de que, naquele instante, Pasolini considerava-se um poeta, mesmo se ainda não mostrara tudo que era capaz, e de que seu trabalho fundamental fosse de uma introspecção psicológica tenaz: a de se entender no caos de sua culpabilidade e de sua liberdade. Seu compromisso junto aos autonomistas friulanos era um compromisso falsamente político, falsamente linguístico. O que lhe importava era encontrar sua voz de poeta e satisfazer a infinidade dos seus impulsos nostálgicos por uma terra eternamente perdida. Em um texto de 1949 ele dirá:

> Agora não se trata de esclarecer o que foi (e ainda é) minha vocação literária nas suas relações com a "premissa", que se tornou mais ou menos consciente, dos complexos. Em todos os casos, de um ponto de vista estritamente linguístico, eu posso dizer que meu friulano de 1942 era algo diferente de um dialeto, na medida em que eu aspirava, para usar minha terminologia daquele tempo, a uma linguagem particular e

hermética (não obscura!) na qual, obcecado por um único sentimento, a nostalgia, eu poderia dar seguimento às fantasias puramente poéticas*.

Publicado em *La Panarie*, XVII, 97, maio-dezembro 1949.

Como acontecera no seu relacionamento com Pina Kalc, Pier Paolo sentia-se culpado na sua amizade com Silvana Mauri, a quem se sentiu obrigado a confessar sua homossexualidade, da qual, aliás, ela estava perfeitamente consciente e que, segundo suas próprias palavras, era "amplamente compensada pela [sua] *joy*, pela [sua] alegria, que era uma curiosidade e amor pela vida". Pasolini começou a falar livremente com seus amigos sobre sua homossexualidade.

Certa vez, ele teve uma inspiração literária por causa de um evento político e social local: a revolta dos desempregados que exigiam que a lei De Gasperi, que devia auxiliar os desempregados lesados pela guerra e aqueles que não haviam encontrado trabalho no meio rural, fosse aplicada. O romance que ele escreveu naquela época teve vários títulos sucessivos, um dos quais, *La meglio gioventù – Poesie Friulane* (*A melhor juventude - Poesias friulanas*), será incluído na sua primeira coletânea poética. Outro título, *"La realtá"* ("A realidade"), que também havia sido levado em consideração para essa coletânea, será incluído em uma seção de *Poesie in Forma di Rosa* (*Poesia em forma de rosa*) (1964) como poesia. O título final será *Il sogno di qualcosa* (O sonho de alguma coisa).

É evidente que os personagens foram tirados daqueles que o rodeavam, porém vistos sob outra ótica em idade mais adulta, num contexto deliberadamente mais social. Pasolini só publicará esse romance friulano em 1962, depois dos romances romanos. Ele escreverá várias versões, sendo que uma delas concorreu a um prêmio literário de inéditos em 1950, em Veneza. Por outro lado, uma parte do romance chamada *Romanos* foi transformada em um conto, que será publicado a título póstumo junto com outro inédito, *Operetta marina* (Opereta marinha). A complexidade do projeto, que misturava elementos autobiográficos e fatos sociopolíticos, explica o atraso com o qual Pasolini o publicou. Nele, ele se descrevia sob os traços de um padre – o que fez em vários contos que apresentavam retomadas desses episódios – que se apaixonara por um rapaz, o que podia complicar ainda mais a estreia de um livro como esse no início da década de 1950. Ele será apresentado por seu autor como um documento da juventude, num momento em que sua notoriedade era suficiente para justificar um interesse do público, principalmente sobre um assunto que se referia à vida social e à homossexualidade.

O final dos anos 40 terminou, objetivamente, com uma série de fracassos literários. Pasolini passou a participar ativamente da vida política regional do Partido Comunista como professor de base. Ele não achava um editor nem para seus poemas que, enviados para concursos regionais, obtiveram, no máximo, "menções honrosas" e começavam a irritar aqueles que o haviam defendido logo no início da sua carreira como poeta, tal como Gianfranco Contini, embora algumas autoridades do mundo literário manifestassem algum interesse (Vittorio Sereni ou Giacinto Spagnoletti). A massa dos seus textos inéditos amplificava-se. Essencialmente, eram páginas autobiográficas que, por enquanto, ninguém havia lido ainda, mas das quais seus amigos conheciam a existência e desconfiavam do conteúdo, como mais tarde diria Silvana Mauri. "Para mim, agora", escreveu para Gianfranco Contini, "é o fracasso, o outro lado da moeda. Meu único consolo (conceda-me este consolo, eu lhe suplico) é de estar ainda por um fio sabendo que todos conseguiram sair dessa posição tão inconfortável mais cedo ou mais tarde."

Então, ocorreu um evento que mudaria o destino desse jovem intelectual superdotado, superexcitado e um pouco perdido em um mundo estreito demais para ele. Ele, que escolhera a província e a supervalorizara, será cruelmente retribuído por uma paixão passageira que ameaçava transformar-se em tédio, em um contexto que não mais o da solidariedade política de toda uma geração em circunstâncias de guerra e que, no plano familiar, havia sido terrivelmente maculado pela morte de Guido e pela loucura alcoolizada de Carlo Alberto.

Na noite de 30 de setembro de 1949, Pasolini estava em uma das inúmeras festas da aldeia, que já descrevera várias vezes nos seus poemas, seus contos, seu diário e suas tentativas romanescas inéditas. A festa era em Ramuscello, perto de Casarsa. Ele levou um rapaz que conhecia, com dois amigos, para uma mata. O que não era nenhuma novidade. Mas, quem sabe por que, alguém apresentou uma queixa à polícia. Três semanas mais tarde, no dia 22 de outubro de 1949, ele foi formalmente denunciado. Os carabineiros informaram que estava sendo acusado de abuso de menores e atos obscenos em público.

Tudo acontecera como se, nos seus textos íntimos, Pasolini tivesse previsto a verdadeira tragédia que acontecia naquele instante. Ele fora culpado, por assim dizer, por um erro que ainda não cometera, o qual, aliás, nunca seria cometido, mas que seria apresentado como um erro. Nico Naldini contou o que ocorrera para um amigo bolonhês, Fabio Luca Cavazza, e explicou que não acontecera nenhuma "proposta venal" e que as relações sexuais haviam sido "muito simples": "uma masturbação". Segundo a interpretação de Nico, alguns dias mais tarde os três rapazes teriam conversado a respeito e se recriminado mutuamente pela cena. Nico Naldini, que na época estava com 22 anos, percebeu imediatamente que o escândalo, que, segundo ele, teria sido provocado por alguns democratas cristãos, inimigos políticos de Pasolini, que haviam ficado irritados com a agitação comunista do seu primo, "deveria estragar o resto da sua vida".

O Partido Comunista se alinhara com a Democracia Cristã e com o ministério do qual dependia o trabalho de professor de Pasolini. No dia 26 de outubro, quatro dias depois da queixa, o Partido Comunista confiscou a carteira do partido do seu militante, que talvez devesse essa denúncia justamente por causa dessa filiação, por motivo de "indignidade moral e política". Claro que perdeu o emprego.

O ano de 1949, que havia sido particularmente fecundo e sofrido, terminou com um evento muito confuso que marcará os próximos 25 anos da sua vida. Fecundo porque escrevera muito e elaborara muitos projetos. Sofrido porque ele não via saídas imediatas para sua criação romanesca ou poética. Se considerarmos sua criação em retrospectiva, perceberemos que as coletâneas que assentarão sua reputação como poeta (*L'Usignolo della Chiesa Cattolica* (*O rouxinol da Igreja Católica*), *La meglio gioventù - Poesie friulane* (*A melhor juventude - Poesias friulanas*)) datam dessa época. Seguem *Le ceneri di Gramsci* (*As cinzas de Gramsci*) (1957), *La religione del mio tempo* (*A religião do meu tempo*) (1961), *Poesie in forma di rosa* (*Poesia em forma de rosa*) (1964) e *Trasumanar e organizzar* (*Transumanar e organizar*) (1971), que se beneficiarão de sua glória romanesca e cinematográfica, publicadas pouco depois de serem escritas e estruturadas. Embora o objetivo fundamental de Pasolini tenha sido, durante quase quinze anos, ser reconhecido como poeta, ele terá que enfrentar inúmeras dificuldades para que não o mantenham no papel de poeta regional iluminado e de maníaco sexual.

Os editores Valecchi, apesar de Contini, Bompiani, apesar de Silvana Mauri (que era a sobrinha do editor, Valentino Bompiani), Mondadori, e apesar de Vittorio Sereni, que era seu conselheiro literário, todos recusaram seus manuscritos. Embora não parasse de escrever, e tivesse três projetos para um romance, ele ficou profundamente desencorajado. Duvidava, é claro, merecer ser comparado a Rimbaud. Ele se dizia estar "na prisão da vocação".

Um exílio

No dia 28 de janeiro de 1950, ele e sua mãe deixaram o Friul para se estabelecerem em Roma. "Eu tenho a impressão de que tudo ficou no Friul, como a paisagem", escreveu para Silvana Mauri depois de duas semanas. "Roma se estende ao meu redor como se também estivesse desenhada no vazio, no entanto ela tem um grande poder de consolo: eu mergulho nos seus sons e não ouço assim minhas notas que destoam". Em Roma, ele conheceu alguns intelectuais: o escritor Giorgio Bassani e o poeta Giorgio Caproni. O primeiro trabalhava no cinema, o outro, no rádio. Sua mãe encontrara um emprego como empregada doméstica na casa de um casal que tinha um filho de dois anos. "Ela aceitou sua nova vida com um heroísmo e uma simplicidade indescritível", escreveu Pasolini para Silvana.

Eles moravam no antigo gueto, na Piazza Costaguti, 14, perto de onde sua mãe trabalhava, a dois passos do Teatro di Marcello, da Sinagoga e da Piazza Mattei, onde está a famosa Fontana delle Tartarughe e a entrada principal do prédio. Eles estavam em uma das mais belas partes de Roma, ao pé do Capitólio e a dois minutos do Campo dei Fiori, onde, mais tarde, o povo se reunirá para acompanhar seu enterro. Os dois morarão ali até junho de 1951, quando se mudarão para Ponte Mammolo, no bairro de Rebibbia, um dos subúrbios de Roma. "Eu me sinto sozinho, incapaz, em uma situação terrível", escreveu para Luciano Serra. Seu tio, Gino Colussi, ajudou-o financeiramente. A existência, escreveu para Silvana, tinha "a cor da infelicidade".

Seu processo foi adiado para dezembro. Ele será condenado a três meses de prisão, com direito a liberdade condicional por bom comportamento, mas a queixa por abuso de menor fora retirada. Em 28 de dezembro de 1950 ele escreveu para sua mãe:

O processo decorreu como previsto, isto é, a pena foi mínima com direito a liberdade condicional, o que não compromete em nada meu futuro porque minha ficha na polícia continua imaculada. Em Casarsa, minha depressão de sempre, mas parece que ainda tenho muitos amigos.

Ele passou alguns dias em Chioggia com o escritor Giovanni Comisso e seu primo, e vai parar na delegacia por desordem na via pública. Ele havia sido vítima de assaltantes e, apesar dos seus protestos, a polícia achara que ele era um delinquente. Um infortúnio que se repetirá alguns anos mais tarde com o famoso processo estapafúrdio do frentista de San Felice Circeo, que o acusará de tentar assaltar o posto de gasolina e tê-lo ameaçado com uma arma que ele carregara com uma bala de ouro na sua frente. Nessa época, Pasolini estava trabalhando no roteiro de *Mamma Roma.* O incidente de Chioggia seria apenas o início de uma série de problemas que teria com a justiça italiana. Entre 1949 e sua morte, e mesmo depois, ele responderá a não menos do que 33 processos judiciais.

Pasolini foi apresentado ao poeta Sandro Penna, com quem simpatizara. Penna era quase 15 anos mais velho do que ele, publicara uma única coletânea de poesias em 1939 e um pequeno livro em 1950, *Appunti* (Edizioni della Meridiana). Pasolini sempre gostará dele. Como disse para um jornalista sueco poucos dias antes de ser assassinado: "Penna será sempre um poeta marginalizado, desconhecido, até desprezado, quando é um poeta imenso, pelo menos tão grande como Montale". Ele certamente tinha necessidade dessa fraternidade com um homem livre e sonhador, que reagia ao seu humor sombrio e apaixonado com uma leveza extravagante e amável. Penna ajudou-o a reencontrar uma alegria de viver nesse período difícil que a vida lhe impusera.

Em 28 de setembro de 1950, Pasolini escreveu um artigo sobre o poeta em *Il Popolo di Roma*, um jornal de direita para o qual trabalhava como jornalista independente:

> Muitos falaram sobre a "felicidade" de Penna, o equivalente psicológico da sua "graça" poética: nós gostaríamos de deslocar a ideia de felicidade para aquela da gratidão, mais vaga, mais íntima. Era um movimento de gratidão que quase sempre impulsionava Penna a escrever seus versos sensuais, mas sem o peso da sensualidade, justamente porque a sensualidade é derrotada por esse aspecto tão patético e suave que é sua gratidão por uma vida surpreendente, pródiga, completamente predisposta ao remorso*.

É desnecessário especificar que Pasolini se identificava com Penna nesse aspecto do processo poético. Um pouco mais adiante, ele escreveu: "Como Rimbaud, Penna é o rebelde infantil absolvido nas letras italianas".

Para sobreviver, Pasolini trabalhava como figurante na Cinecittà e revisava artigos para os jornais. Como jornalista independente, ele colaborou com vários jornais para a rubrica de variedades. A descoberta forçada da vida urbana provocará uma mudança na orientação da sua escrita. Ele observava um mundo que lhe era estranho, numa situação extrema de dificuldades materiais. Foi durante esse ano, o mais difícil na vida de Pasolini, que se encaixaram os elementos essenciais do seu universo poético, até então invisíveis. Embora ele ainda o ignorasse, Roma se tornará sua cidade. O "romanesco", e até o "romanaccio", o dialeto falado pelos romanos do povo, se tornará sua língua nos romances.

Durante os primeiros meses de depressão profunda (durante os quais quebrou o quadril acidentalmente, o que o obrigou a ficar longamente imobilizado), ele analisou sua homossexualidade com sinceridade e sutileza nas cartas que escrevia para os amigos, principalmente para Silvana Mauri.

> Eu não sei exatamente o que deve ser entendido por hipocrisia, mas ela me apavora. Chega de palavras encobertas, é preciso enfrentar o escândalo, eu tenho a impressão de ser

São Paulo... Eu acredito – a esse respeito – que eu quero viver em Roma, exatamente porque aqui não haverá nem um velho nem um novo Pier Paolo.

Em uma carta de 10 de fevereiro de 1950, Pier Paolo deu sequência a uma introspecção destinada para a amiga, em que apresenta sua obsessão sexual com toda sinceridade:

> Comigo, a dificuldade de amar transformou a necessidade de amar em uma obsessão: a função hipertrofiou o órgão, enquanto na minha adolescência eu tinha a impressão de que o amor era uma quimera inacessível. Depois, com a experiência, quando a função readquiriu suas devidas proporções, e a quimera foi profanada até o pior dos cotidianos, o mal havia sido inoculado, crônico, incurável. [...] A vida sexual dos outros sempre me fez sentir envergonhado da minha: estaria o mal totalmente do meu lado? Isso me parece impossível.

Será preciso esperar o filme-pesquisa *Comizi d'amore*, rodado entre março e novembro de 1963 e apresentado no Festival de Locarno em julho de 1964, para Pasolini fazer uma reflexão sistemática sobre essa "vida sexual dos outros", a partir de entrevistas com intelectuais e transeuntes. Depois da estreia tardia do filme em 1977, Michel Foucault escreverá um dos mais belos textos sobre Pasolini, "Les matins gris de la tolérance" (*As manhãs cinzentas da tolerância*):

> O que perpassa todo o filme não é, creio, a assombração do sexo, mas uma espécie de apreensão histórica, de hesitação premonitória e confusa diante desse novo regime que surgia então na Itália, o da tolerância. E é aqui que os cortes são marcantes, nessa multidão que, no entanto, se permite falar de direitos quando a questionamos sobre o amor. Há cortes entre homens e mulheres, camponeses e habitantes da cidade, ricos e pobres? Sim, com certeza, mas principalmente entre os jovens e os outros, aqueles que temem um regime que transtornará todos os ajustes dolorosos e sutis que garantem o ecossistema do sexo: a proibição do divórcio, que restringe o

homem e a mulher de modo desigual, o lar fechado que serve de figura complementar para a família, o preço da virgindade e o custo do casamento. [...] No fundo, as manhãs cinzentas da tolerância não encantam ninguém, e ninguém pressente nelas a festa do sexo.

Le Monde, 23 de março de 1977,
reproduzido em *Dits et écrits*, volume 3,
Gallimard, 1994.

Em sua nota de intenção, o próprio Pasolini previu que "é provável que todos neguem que o sexo tenha qualquer importância na sua vida" (*Cento paia di buoi* ["*Cem pares de bois*"] – *in Per il cinema*, "Meridiani", *op. cit.*, volume 1). Nela, ele explica seu projeto em termos racionais: "Lute contra os 'Monstros', isto é, a ignorância, as aberrações da razão, em um domínio que as ciências morais ou biológicas já iluminaram tanto". Apesar de o filme tencionar lembrar "as vítimas das trevas do sexo, dos instintos bestiais não denominados, das convenções cruéis da sociedade", ele deveria terminar com um "beijo rápido e casto, o beijo final dos bons filmes de antigamente", entre dois jovens casados que são questionados sobre a procriação. Segundo suas palavras:

O corpo do filme deve ter a forma dramática de uma pergunta: "A vida inocente e profunda, instintiva e bestial, que existe no homem leva a quê?". Em seguida passamos a uma série de respostas que são apresentadas segundo a maneira como essa pergunta central é formulada dentro de uma série de perguntas específicas.*

Embora tenha se fundamentado em várias entrevistas, o documentário em si, que demorou a ser escrito, não terá a mesma força impactante dos filmes de ficção de Pasolini. Depois de fazer algumas perguntas muito simpáticas às crianças sobre seu nascimento, o filme prossegue com uma conversa com Moravia e Cesare Musatti, o Lacan italiano, para anunciar que a pesquisa será "uma espécie de cruzada contra a ignorância e o medo, que são, mais ou menos em resumo, os termos de uma dessacralização". Depois de fazer várias perguntas a pessoas de todas as camadas sociais, ele aborda a homossexualidade, dando várias voltas. Primeiro por um ângulo intelectual, ao entrevistar um homem velho e conhecido, o poeta Giuseppe Ungaretti, que responde com bom senso e ironia:

> À sua maneira, todos os homens são anormais, todos os homens estão, em um certo sentido, em contradição com a natureza, e isso desde o primeiro instante... desde o primeiro instante: o ato social, que é um ato de autoridade humana sobre a natureza, é um gesto antinatureza [...]. Pessoalmente, eu, o que posso fazer, eu, pessoalmente, sou um homem, eu sou um poeta... portanto eu transgrido todas as leis porque escrevo poesia... Agora estou velho, e só respeito as leis da velhice que, infelizmente, são as leis da morte.

Sobre o problema da homossexualidade, nas suas entrevistas Pasolini orientava obrigatoriamente as respostas pelas suas perguntas, que obrigavam, no âmbito de um discurso público e filmado, as pessoas interrogadas a mentirem. Era o que ele queria: a mentira, a autocensura, a dissimulação, como se todo discurso público ouvido em um círculo íntimo, ou ampliado pela câmera e pela presença de uma personalidade conhecida, devesse ser mentiroso, como se não nos restasse outra coisa senão mentir em relação ao sexo e às práticas sexuais. Qualquer pesquisa sociológica era um convite para a mentira. A pergunta era sempre a mesma: "Você conhece alguma anomalia sexual? Você sabe que existem homossexuais e pervertidos? Você fica escandalizado? Você se considera uma pessoa normal?" Convencido de que as pessoas que ele questionava somente tinham uma ideia fixa na cabeça, a de fundir-se na massa majoritária mantendo um mínimo de originalidade, ele obtinha as respostas que queria. Praticamente todas as pessoas filmadas responderam que sentiam desprezo, repulsão, horror, no máximo compaixão, pelos "anormais", mesmo se os mais jovens achassem que era uma característica de nascença contra a qual os interessados não podiam fazer nada, mesmo se os burgueses fingissem não ficar escandalizados para dar a impressão de ter uma mente aberta e livre, sem que por isso tolerassem o que lhes parecia ser "nojento" e "imoral". Pasolini se enganou quando disse que somente encontrou pessoas "escandalizadas". Na verdade, ele encontrou mentirosos, que mentiam tanto sobre sua sexualidade, sobre seu olhar sobre a sexualidade dos outros e mesmo sobre seus sentimentos em relação às várias formas de sexualidade. Depois de um comentário muito pertinente de Musatti e Moravia sobre o funcionamento do julgamento sexual, da autodefesa contra os instintos através do recurso ao conformismo, Pasolini reconheceu ter chegado a um impasse por causa das perguntas que orientavam o tom das respostas e continuou com a pesquisa de maneira mais anódina, falando de divórcio, de flertes nas praias, de bordéis, suscitando involuntariamente um histrionismo igualmente mentiroso.

O verdadeiro discurso de Pasolini sobre a sexualidade virá mais tarde, com os filmes *A Trilogia da Vida*, *Salò ou Os 120 dias de Sodoma* e *Petrolio.* No início dos anos 50 ele ainda não chegara lá. Ele estava fazendo o balanço da sua vida, das suas ambições literárias, dos seus fracassos e das suas esperanças, e passou praticamente quatro anos (de 1946 até 1950) escrevendo textos íntimos que se deleitavam com uma autoimagem torturada e carregada de culpa, regularmente compensada por impulsos líricos, que clamavam por uma comunhão com a natureza, com a inocência daqueles que ele chamava de "anjos distraídos". Ele não aceitava sua própria sexualidade porque se recusava a sofrer por causa de uma diferença aparentemente tão marcante, e, ao mesmo tempo, estava convencido de que somente essa sexualidade lhe permitiria alcançar uma realidade humana e natural ("a inocência" dos seus jovens amantes), que lhe daria uma ideia do que a poesia deveria ser.

A violência da reação da sociedade (em relação ao processo consecutivo ao escândalo de Ramuscello), a traição do Partido Comunista, que o abandonara nessa luta, quando, provavelmente, a causa da denúncia fora sua militância pelo Partido, e a solidão à qual foi abandonado durante sua busca de um meio de subsistência ensombreceram ainda mais o olhar que jogava sobre si mesmo e sua sexualidade. Para sua mãe, esse escândalo não passava de uma espécie de prosseguimento da fatalidade: após o assassinato de Guido pela Brigada Garibaldi do Partido Comunista Esloveno, ela estava convencida de que o outro filho também era vítima de um mal-entendido político. Evidentemente que não era a homossexualidade de Pasolini que lhe parecia monstruosa, mas a forma como ela era vista na sua província natal, de onde eles haviam precisado fugir. Sua coragem – ela estava com mais de 60 anos quando começou a trabalhar como empregada doméstica na casa de um jovem casal – selou para sempre a cumplicidade desse casal mãe-filho, que, mais tarde, será representada pela *Pietà* no filme *O evangelho segundo São Mateus.*

Pasolini achou que devia desistir de sua atividade pedagógica, que todos reconheciam como excepcional. Contudo, é provável que o destino dessa vocação fosse ainda mais elevado. Ele a explorará nos seus artigos (*Pagine Corsare*, *Lettere Luterane*, *Il caos*), nos diálogos com os leitores (*Le Belle Bandiere*), nas polêmicas, nas suas poesias (*Le ceneri de Gramsci*, *La religione del mio tempo*), mesmo nos seus filmes (*Comizi d'amore*, mas também *Appunti per un'orestiade africana*), numa espécie de cristianismo leigo: "Pobres, felizes Cristos de catorze anos", escreveu em *La religione del mio tempo.*

No fundo, foi o término brutal do sonho pedagógico que decidiu o desabrochar do criador. "Minha vida futura", escreveu em 10 de fevereiro de 1950 para Silvana Mauri, "certamente não será a de um professor de faculdade: quer eu queira, quer não, quer os outros aceitem, quer não, agora paira sobre mim a marca de Rimbaud ou de Campana, e até de Wilde. É algo incômodo, chocante, inadmissível, mas é assim: e, como você, eu também não me resigno."

Como enfatiza Enzo Golino (em *Pasolini: il sogno di una cosa*, Il Mulino, 1985), no final dos anos 40, Pasolini destinava-se a ser um militante político, "um intelectual orgânico", para retomar a expressão de Gramsci, e um professor de base. Paralelamente a seus textos íntimos e poéticos, ele publicou uma ampla literatura militante em vários jornais comunistas e utilizou uma expressão de Marx, "o sonho de uma coisa" (em uma carta para Arnold Ruge), no que ele achava que seria seu primeiro romance – o qual, como já mencionamos, será publicado tardiamente, e sem muito sucesso. Segundo Marx, esse "sonho de uma coisa" seria o motor de qualquer "consciência mística", "não muito clara para ela mesma", "quer seja religiosa ou política". Sempre segundo Marx, definir esse sonho permitiria "reformar" a consciência.

Se em Roma Pasolini ainda tinha veleidades pedagógicas (pouco depois ele encontrará um trabalho como professor no colégio particular Francesco Petrarca – atualmente Instituto Maria Immacolata – em Ciampino, no subúrbio sudeste de Roma, e continuará acompanhando os estudos de Tonuti Spagnoli e de seu primo Nico Naldini), não se tratará mais de formar diretamente as mentes dos jovens alunos.

As poesias que escreveu durante 1950, o ano mais difícil da sua vida, pertencem a um gênero autobiográfico, narrativo, de forma livre e de conteúdo profundamente deprimente – como já mencionamos, *Roma 1950* será publicada somente em 1960 por Vanni Scheiwiller, pequeno editor de prestígio, na coleção "All'insegna del pesce d'oro", depois dos romances e das grandes coletâneas friulanas e italianas, justo antes de *La religione del mio tempo*, e durante a filmagem do seu primeiro filme. O estilo se diferencia claramente das poesias da época friulana. Elas não têm mais aquela tonalidade solene e pueril, próxima das rimas infantis das primeiras poesias, e, com a exceção de algumas recordações, não fazem mais nenhuma referência à vida do campo, nem às cerimônias e festas religiosas, e não são mais um diálogo explícito com a tradição poética (Dino Campana, Pascoli, Rimbaud, os parnasianos, Leopardi, Foscolo) que ele reivindicava até então.

É evidente que Sandro Penna exerceu uma grande influência sobre ele, menos na forma, porque Penna era muito mais conciso, ou mesmo no tom, porque Penna expandia seus sentimentos infinitamente menos, e sempre com uma espécie de ironia impiedosa em relação à sua infelicidade, enquanto Pasolini se deleitava mais nos seus sentimentos em um tom às vezes teatral e melodramático, do que em relação à sinceridade, à lucidez com sua própria pessoa, e à intensidade do olhar sobre o mundo que o circundava, que era apresentado ao mesmo tempo sob uma luz crua e sagrada, independente do evento que descrevesse. Encontramos essas características nas cartas que escreveu para seus amigos bolonheses e Silvana Mauri e nas suas primeiras novelas.

O autorretrato que Pasolini esboçou nessa época segue, em parte, aquele que iniciara a série dos *Quaderni rossi*, porém com mais violência, devido à provação pela qual passava desde a denúncia de Ramuscello e ao preço que precisava pagar com esse exílio. "Vergonha de estar apenas / vivo por acaso. De não acompanhar o tempo." "Qualquer um que, ao pecar, sentiu na garganta / a queimadura do linchamento permanece puro sempre / se ainda não sabe odiar, e ainda cresce / nos seus olhos crestados uma afetuosa / claridade de doçura e coragem." "Nos cais abandonados / coroas de faróis esmaltados / algumas estrelas nos flancos das nuvens – / e nos subúrbios, de Testaccio / em Monteverde, estagnada, enfadada e úmida / uma vibração de vozes de passantes / e motores – incrustação perdida / do nosso mundo sobre o universo mudo."

A partir de agora, essas visões, anotações e sensações ressurgirão como uma constante nos seus filmes e nos textos em prosa. À vezes, imagens distantes, oriundas de suas lembranças friulanas, nas quais se misturam a vida urbana e os chamados da natureza, reaparecem intermitentemente. Na última poesia de *Ritmi romani*, Pasolini utiliza mais uma vez seu sistema poético de fragmentos de vozes ou ruídos surpresos, como se fossem roubados do mundo exterior por um poeta imóvel, solitário, enclausurado:

> Mas, no cheiro ardente da noite
> profana, o assobio de um rapaz brinca
> com a morte que vibra nas tilintações
> da campainha desnuda e só:
> assim, será sempre suficientemente puro
> esse desconhecido que, sem ser visto, voa
> veloz, na bicicleta pelo asfalto duro,
> perdido no silêncio da noite,
> para não temer o mundo que o golpe
> obscuro do campo lhe revela
> infantil e endurecido na noite.

Uma poesia muito "penniana" na sua aspiração (na noite, um rapaz passa de bicicleta, o som de sua campainha é a expressão da pureza que ameaça a noite, não urbana, mas do campo).

Sem saber como exatamente, Pasolini colocou em prática seu futuro sistema romanesco em seus textos em prosa. Ele descobriu uma nova população adolescente, urbana, que descreverá minuciosamente, independente de sua sexualidade. Sua obra começa a cindir-se ou, pelo menos, a diversificar-se. Ele aprendeu muito enquanto escrevia seu diário, esboçava seus romances friulanos e escrevia para seus amigos. As cartas para Silvana Mauri, em particular, extremamente bem escritas, confirmam essa transição da sua vida e obra. "Roma, essa nova Casarsa", escreveu. Fora de qualquer contexto essa frase faria sorrir. Mas para Pasolini o sentido era claríssimo, embora fosse obrigado a fazer transformações importantes na sua sensibilidade. Durante os meses da primavera de 1950, ele escreveu para seu primo Nico: "O trauma 'Roma' está passando", acrescentando meio de brincadeira: "Permanece o desejo agudo, insuportável, de ser milionário".

Ele começou a publicar nos jornais alguns contos que podiam ser lidos como crônicas sociais, nos quais descrevia as pessoas do povo romano, algo que nunca fizera em relação ao Friul. Ele nunca escreveu, ou publicou, contos para um grande público. Para este, ele escreveu poesias, críticas literárias, panfletos políticos, análises sociais e textos pessoais. Em cada um desses casos ele escreveu para um público-alvo, ou para público nenhum quando se tratava do seu diário. Agora, ele tomava consciência de que sua subjetividade poética, aliada a uma consciência político-social muito aguçada pelas suas próprias dificuldades de sobrevivência econômica e de reconhecimento sexual e literário, poderia ser compartilhada com um público. Ele não estava mais rodeado pela boa vontade intelectual de um meio ambiente familiar como em Bolonha e no Friul. Agora ele era mais um pioneiro. Enquanto no Friul seu empreendimento poético tinha um sentido político e literário já codificado, que podia encontrar uma saída institucional, e assumia a forma coletiva de uma ação militante, ninguém havia feito o que ele começará agora e desenvolverá em dois romances, *Ragazzi di vita* e *Una vita violenta*. Ele não poderá contar com a solidariedade de nenhum intelectual.

Nenhum escritor o fizera antes, nem mesmo os escritores comunistas conscientes do dever social de testemunharem na língua da ficção ou do documento. Será a particularidade do seu olhar poético e piedoso, da sua solidão social ou não normatizada, da sua disponibilidade humana e sexual que permitirá a elaboração literária.

Mas, diferentemente de *Atti impuri*, ou dos *Quaderni rossi*, esses contos romanos (que serão incluídos em *Alì dagli occhi azzurri*, Garzanti, 1965, e depois, a título póstumo, em *Storie della città di Dio*, Einaudi, 1995) não estavam direcionados à psicologia do narrador ou do observador. Aparentemente, eles não têm uma testemunha subjetiva, mas um "olhar neutro". Como veremos mais adiante, essa "neutralidade" do olhar será rapidamente questionada no cinema de Pasolini, que referirá imediatamente o estilo "indireto livre", com uma câmara muito móvel, cujos deslocamentos constantes e conscientes indicavam, necessariamente, a presença de um olhar subjetivo.

Nas publicações dos seus primeiros textos de prosa narrativa Pasolini dá a impressão de querer adotar esse tom neutro, falsamente neutro, cuja neutralidade decorre apenas de sua autoridade e, finalmente, de sua própria subjetividade. O "eu" do narrador aparece logo na terceira ou quarta página:

> Quanto a mim, eu gostaria muito de saber quais são os mecanismos de seu coração, que permitem ao Trastevere viver em si, informe, atormentado, indolente. Seus dois olhos são como dois lacres: dois pedaços de cera preta impressos no rosto plúmbeo de onde nenhuma luz jorra do interior, o que, aliás, é amplamente compensado pela luz externa do céu de Roma.

É nesse instante que, um pouco como em alguns contos de Turguêniev, o leitor percebe que o narrador está ali de maneira inesperada, repentina. Ele observa um vendedor de castanhas, do qual sublinhou a dureza, a indiferença, a preocupação de espoliar seus raros clientes. Dessa dureza surgirá lentamente uma fragilidade, uma ternura, uma poesia, uma beleza. Esse é o objetivo do conto, a última frase:

> Fede à roupa que seca nos balcões da viela, a excrementos humanos nos degraus que descem para o Tibre, a asfalto amornado pela primavera, mas esse coração [do jovem vendedor de castanhas] aparece e desaparece, agarrado ao para-choque do bonde da linha ST ou 129, tão distante que a pobreza e a beleza formam uma mesma coisa.

Como todos os grandes romancistas, Pasolini passa imperceptivelmente de uma descrição externa para uma interna. Fascinado pela inconsciência de seu personagem, ele tenta penetrar nessa inconsciência. O jovem vendedor faz parte da paisagem romana, mas ele próprio tem uma percepção (imperfeita) dessa paisagem e, por isso, é incapaz de explicá-la. "Para comunicar a topografia da sua vida seria necessário que não fizesse parte dela, mas onde começa o rapaz e termina o Trastevere?"

Esse primeiro texto, admirável pela sutileza do ajuste dos objetivos sucessivos, e também pela consciência que Pasolini tem do lugar que o narrador ocupa na narrativa, já anuncia de modo implícito um certo número de princípios, ou temas, dos seus romances e contos: o elo entre a pobreza e a beleza – "raramente mais do que barro, raramente menos do que Apolos", diz a respeito dos jovens romanos do povo –, a ação dos lugares de Roma tanto como sinais sociais, temporais, psíquicos e topográficos quanto nesse caso específico, a ponte Garibaldi, o Viale Trastevere, a Via della Paglia, a ilha Tiberina, a Via della Lungara, os cinemas Reale, Fontana ou Altieri, a igreja San Pietro in Montorio etc., a consciência nebulosa dos personagens. Nesse conto, como o narrador não tem um relógio, ele não pode informar as horas para o adolescente:

> Eu achava que escapara completamente à sua realidade útil, a esses fiapos, trapos ou estratos de Roma que eu achava que somente podiam ser impressos na sua retina. O fato de não ter um cronômetro certamente foi, para ele, a pequena explosão do irracional, que, para mim, havia sido a sombra nos seus olhos. Eu fui simplesmente e imediatamente classificado, enquanto, para ele, o mistério somente se deslocara um pouco.

Pasolini pensara em juntar esse texto a outros e publicar um tríptico romano, em 1960, como uma sequência aos seus dois romances anteriores, mas acabará desistindo da ideia, preferindo a mistura heterogênea de *Alì dagli occhi azzurri*, que prenunciava, pela sua estrutura estranha (contos, textos teóricos, fragmentos de roteiros para o cinema), o inclassificável e póstumo *Petrolio*.

Todos esses textos escritos em 1950 constituíram o material de base para seu romance *Ragazzi di vita*, que ele escreverá nos próximos anos baseado em informações, quando vai morar em Ponte Mammolo e trabalhar em Ciampino, no subúrbio de Roma.

Suas poesias friulanas começaram a ser publicadas em novembro de 1950 em uma revista nacional, *Botteghe oscure* (as *Dansis di Narcis* serão incluídas em *La meglio gioventù)*, e a partir de agora ele se interessará pela gíria dos subúrbios romanos, que passará a gravar sistematicamente.

Um povo

Em julho de 1951, ele e sua mãe mudaram-se para uma casa na Via Giovanni Tagliere, 3, aonde seu pai veio encontrá-los quando partiu do Friul, em Ponte Mammolo, a leste de Roma, perto da prisão de Rebibbia. Nessa época, Pasolini teria tido um caso breve com Mariella Bauzano, uma funcionária da Biblioteca Nacional. No entanto, mesmo que, segundo Enzo Siciliano, a relação realmente tenha se concretizado, ela foi inconsequente. Essa amizade vagamente amorosa é lembrada, sem que ele lhe dê muita importância, em uma carta para Silvana Mauri, durante os meses da primavera de 1952:

> Tenho diante de mim um domingo sem perspectivas: irei dançar com Mariella. Isso se não ceder ao demônio, indo até Settecamini assistir a uma partida de futebol entre os adolescentes de Pietrelatan e depois me embebedar com eles. Para relaxar.

Ele comentou esta mudança para Rebibbia em um texto de 1947 (a pedido da companhia ferroviária italiana):

> Ensinei em Ciampino de 1951 até 1953. Nessa época, eu morava nos subúrbios de Roma, na Via Tiburtina, em Ponte Mammolo [porta leste de Roma]. Para ir a Ciampino, eu precisava pegar um ônibus até Portonaccio, depois um bonde até Termini e de lá a linha "littorina". Foi assim que, pela terceira vez, tornei-me sócio da Estrada de Ferro Nacional. Foi um período assustador na minha vida. Vim para Roma do meu campo distante do Friul, depois de ficar desempregado durante vários anos. Todos me ignoravam. Eu estava sendo devorado pelo meu pavor de não ser como a vida queria e trabalhava como um desesperado para terminar meus estudos pesados e complicados [as pesquisas sobre a poesia popular e dialetal encomendadas pelo poeta Attilio Bertolucci para o editor Guanda, para duas antologias, que serão publicadas em

Passione e ideologia]. Somente conseguia escrever repetindo as mesmas coisas em um mundo que mudara. Eu não quero renascer nunca, para não ter que reviver esses dois ou três anos. Finalmente encontrara um trabalho que me pagava 25.000 liras ao mês. Feliz, desesperado, todas as manhãs eu enfrentava um longo trajeto que terminava no final da tarde sob um sol que já entrava em declínio nos subúrbios infinitos, terríveis. Mas eu pensava. Meu consolo era pensar. Pensar era minha riqueza e meu privilégio. Mais da metade das minhas poesias foram pensadas, ou escritas, no trem*.

Un paese di temporali
e di primule, sob o título
Il treno di Casarsa. op. cit.

Ele retomará a expressão "o privilégio de pensar" em *La Riquezza*, a primeira parte da coletânea *La religione del mio tempo* (1961). Nesse texto encomendado ele cita o final da poesia de mesmo título, que escreveu nos anos 1951-1953:

...Sopros dourados
nas pistas onde com ancas morenas deliciosas
galopam os cavalos cavalgados por rapazes
que parecem ainda mais jovens, e não sabem
que existe luz no mundo à sua volta.

Tema recorrente no seu universo poético: aqueles que estão mergulhados na beleza o ignoram.

Foi ali, perto de onde morava, às margens do rio Anieno, que desemboca no Tibre e onde os jovens costumavam banhar-se, que conheceu Sergio Citti, um pintor de parede, um encontro que terá consequências importantes nas suas vidas. Sergio Citti nascera em 30 de maio de 1933, tinha 19 anos. Antes de fazer seus próprios filmes com a ajuda de Pasolini – ele continuará filmando sozinho depois da sua morte –, Sergio Citti será o principal informante de Pasolini sobre a vida e a forma de falar dos subúrbios. Ele lhe apresentará seu irmão mais jovem, Franco (nascido em 23 de abril de 1935), que será o ator de seu primeiro filme.

Em sua autobiografia, *Vita di un ragazzo di vita*, escrita em colaboração com Claudio Valentini (Sugarco Edizioni, 1992), Sergio se apresentou assim: "Um rapaz de Torpignattara, especializado em restaurações, cozinhas e peças diversas, pintor de paredes, essas são boas referências".

> Quando o vi pela primeira vez, ele estava parado com sua bicicleta na frente de um bar, ao lado do grande semáforo da Via Torpignattara. Muito sério, ele conversava com meu irmão Sérgio. Para ser sincero, eu não estava nem um pouco interessado em conhecê-lo. Muito sujo, eu havia trabalhado o dia todo na obra, desci do pequeno bonde azul da Via Casilina.

Pasolini, que Franco e Sergio chamavam de Pa' como todos seus amigos romanos, interrogou os jovens pintores sobre a língua dos subúrbios. "Eu não sabia que aquele homem tímido e educado iria mudar a minha, a nossa (a do meu irmão e a minha) existência":

> Ele tinha uma atitude sincera, honesta, um mundo só dele, que era preciso aceitar. Ele parecia estar sempre dizendo: "Eu também sinto fome, eu sou como vocês, deixem-me entrar". Então como não poderíamos abrir a porta dos nossos corações? Eu não acredito que tenha havido, ou que haja, apenas um Deus. Se eu devesse amar um, eu amaria Pasolini.

Ele confessou que nunca lera nada de Pasolini e que, quando ele tentava conversar, não entendia o que dizia.

Uma nova era começou na vida de Pier Paolo Pasolini. Em junho de 1951, ele publicou em *Paragone*, a revista que pertencia ao seu professor Roberto Longhi e a Anna Banti, sua mulher, um capítulo do que, mais tarde, seria *Ragazzi di vita*: "*Il ferrobedò*", uma deformação dialetal de "Ferrobetone", uma usina situada nos subúrbios de Roma, no vilarejo Borgata Donna Olimpia.

Somente em dezembro de 1951 Pasolini foi contratado pelo colégio particular Francesco Petrarca de Ciampino por recomendação de Vittorio Clemente, o poeta dos Abruzzi, sobre quem escreveu muitas vezes, e para quem redigirá durante o ano de 1952 o prefácio (que será incluído em *Passione e ideologia)* da coletânea *Acqua de magge*.

A partir de agora sua vida seria bem menos solitária. Ele estará rodeado de intelectuais com quem se encontrará quase diariamente, um hábito que manteria até o final da vida. Sua mãe preparava jantares para os quais o filho convidava um grupo de amigos fiéis, tal como os poetas Giorgio Caproni e Attilio Bertolucci, o engenheiro-romancista Carlo Emilio Gadda e escritores a quem permanecerá profundamente ligado durante toda sua vida – pouco depois ele morará no mesmo edifício que a família Bertolucci –, a respeito dos quais escreverá alguns ensaios curtos, que serão republicados em 1979, após sua morte, em *Descrizione di descrizione*.

Pasolini começou a obter satisfações literárias. Além dos seus artigos, contos, poesias e a preparação do romance, ele estava trabalhando em duas antologias sob encomenda, *Poesia dialettale del novecento* (Editora Guanda), que incluía um longo prefácio, e *Canto popolare*, que seria publicada pelo poeta Vittorio Sereni (Edizioni della Meridiana). Ele também tinha o projeto de um *Canzoniere italiano* (de canções populares) para Attilio Bertolucci. O prefácio de *Passione e ideologia* foi comentado por Eugenio Mentale, entre outros. Apesar das dificuldades persistentes para publicar uma coletânea mais importante, a partir de agora todos os grandes poetas, tais como Sandro Penna, Attilio Bertolucci, Giorgio Caproni, Eugenio Mentale e Vittorio Sereni, reconhecerão estar na presença de um de seus pares.

Ele ganhou alguns prêmios menores. Um livreto friulano, *Tal còur di un frut* (No coração de uma criança), foi publicado pela Edizioni di Lingua Friulana, que era uma parte do que seria seu *Romancero*, o título que dera na época para *La meglio gioventù*, o qual, ao contrário do que se esperava, não será publicado por uma grande editora, mas por Sansoni, em 1954. Em 1960, catorze sonetos dessa época foram publicados sob o título *Sonetto primaverile* pelo pequeno editor Vanni Scheiwiller, tradicionalmente considerado um dos melhores editores de livretos de poesias, que, como já mencionamos, publicará mais tarde *Roma 1950*.

Nessa ebulição intelectual, em que se acumulavam os artigos críticos sobre Camillo Sbarbaro, Giorgio Bassani, Umberto Saba, Carlo Betocchi, Pablo Picasso, Nice Naldini e tantos outros, o trabalho na escola, as poesias e os romances em preparação, Pasolini se familiarizava com a paisagem urbana que eternizará nos seus filmes e romances, quando os subúrbios devastados substituiriam a mitologia do Friul. Na primavera de 1952 ele escreveu para Silvana Mauri: "Quando abro esses balcões e meu peito esbarra no peito da primavera, já adulta, quase desfeita, a verdadeira, a terrível primavera romana, que odora, e o perfume é como um enorme para-lama crestado pelo sol, uma chapa de metal, trapos molhados e secos no calor, ferragens, taludes de lixo queimando, eu penso imediatamente em você com um doce aperto. Alguns fiapos da adolescência permanecem grudados no esqueleto: basta o perfume da *madeleine*... no meu caso, uma atroz *madeleine* dos subúrbios, de casas expropriadas, de trapos quentes".

Ele queria libertar-se definitivamente da religiosidade setentrional, para tornar-se o "pagão" no qual Roma o transformara. É assim que apresentou essa vontade para Silvana:

> Há dois ou três anos que vivo num mundo de sabor "diferente". Corpo estrangeiro, portanto definido nesse mundo, eu me adapto com uma tomada de consciência lentíssima. Meio ibseniano, meio pascoliano (para que me entendam...), vivo aqui uma vida toda feita de músculos, virada pelo avesso como

uma luva, que se desenovela sempre como uma daquelas canções que eu detestava antigamente, completamente despojada de sentimentalismos, no interior de órgãos humanos tão sensuais que são quase mecânicos.

Depois de publicar vários trechos de *Ragazzi di vita* em *Paragone*, por intermédio de Attilio Bertolucci, em dezembro de 1953, Pasolini conheceu Livio Garzanti, que será o editor dos seus romances. A partir de então tudo aconteceu rapidamente e, logo depois, graças a Vittorio Sereni, ele publicou alguns fragmentos da coletânea *Le Ceneri de Gramsci* (publicada na íntegra em 1957) em livretos.

Agora que formava parte integral da vida intelectual romana, e o futuro que se desenhava na sua frente correspondia às suas ambições literárias, algo endureceu dentro dele. Muitos sofrimentos pessoais, alguns em relação à sua identidade sexual, e outros, sociais, ligados à humilhação de ter sido expulso de sua Arcádia friulana, projetaram-no em um universo tenebroso do qual decidira não fugir. As incertezas profissionais e uma espécie de fatalidade econômica empurraram-no para o subúrbio mais esquecido de Roma. Em vez de desviar-se dessa realidade de pobreza, na qual reconheceu imediatamente um estímulo poético de acordo com seu estado íntimo, Pasolini decidiu aprofundar seu conhecimento não como sociólogo, mas como poeta. Apesar de o Partido Comunista não ter manifestado nenhum gesto de solidariedade em relação a ele durante o escândalo de Ramuscello, apesar das condições do assassinato de Guido por uma facção eslovena de Tito, Pasolini permanecia fiel ao marxismo, como demonstram suas poesias, e da lição marxista ele guardou o que ela tinha em comum com a compaixão cristã: voltar-se para os destituídos. Como cinquenta anos antes dele, quando a escritora Sibilla Aleramo e o socialista Giovanni Cena haviam-se engajado na ação humanitária em favor dos pântanos insalubres da região romana, único precedente de um escritor que saía do seu meio de origem para unir-se a outra classe social, Pasolini percorrerá tanto os subúrbios pobres como as favelas que naquela época proliferavam na periferia de Roma, onde ele descobriu o Quarto Mundo.

Ele reuniu tudo o que escrevera durante esse período em *Alì dagli occhi azzurri* (1965), que, por sua tonalidade e estrutura, prenunciava *Petrolio*. Essa obra incluía textos soltos, poesias, inícios de romances, anotações sociológicas, esboços de filmes ou roteiros na íntegra, todos ligados ao seu contato com os subúrbios, devendo seu título a um poema dedicado a Jean-Paul Sartre, sobre um jovem argelino (Alì) que desembarcara na Europa, símbolo de toda essa população deslocada e rejeitada. A poesia (extraída de *Profezia*) é apresentada como um caligrama em forma de cruz, sistema que ele usara em *Poesie in forma di rosa* (*Il libro delle croci*), em 1964:

> Alì dos olhos azuis
> Uma das inúmeras crianças de crianças
> descerá de Argel, em barcos
> a vela e remos. Com ele
> virão centenas de homens
> de corpos debilitados e olhos
> de cães infelizes de seus pais
> nos barcos lançados nos Reinos da fome...

A favela se chama *Il Mandrione*, perto do viaduto de Portonaccio, ao longo dos bairros da Via Tiburtina.

> Esse anacronismo, que contém algo de alucinante, de romanesco, essa forma de viver fora da lei, que se parece um pouco com aquela dos ciganos mais puros, das tribos (que, nunca será demais repetir, um burguês da Roma moderna nem suspeita existir, ou que interpreta de acordo com os esquemas de Belli, que passaram para a convenção dialetal, onde há apenas um vislumbre de verdade), é mais acentuada nos subúrbios do que no ventre do Trastevere.*
>
> *Appunti per un poema popolare, in Alì dagli occhi azzurri, op. cit.*

Nos anos 50, barracos improvisados estavam reagrupados contra o aqueduto do Mandrione. Pasolini pensa então em fazer um filme sobre uma prostituta, *Mignotta.*

Ele colaborou com Sergio Citti no filme *As noites de Cabíria*, de Fellini, em toda a parte informativa, linguística e social desses ambientes que conhecia perfeitamente (escreveu cenas inteiras, especialmente a da peregrinação até a Madonna del Divino Amore, a do falso milagre e a do padre iluminado dos subúrbios, "o homem do saco"). *Mignotta*, que foi escrito para um produtor, poderia ser considerado a sinopse de base para *As noites de Cabíria*, bem como algumas passagens de *Appunti per un poema popolare*, que evoca a devoção à Madonna del Divino Amore.

Durante esses anos (1953-1955), Pasolini se familiarizou com as favelas dos subúrbios mais devastados de Roma e com toda a população que vegetava ali. Paralelamente à sua estrutura poética, ele começou a definir um projeto cinematográfico global. Não devemos imaginar um Pasolini solitário e maldito, vagando sozinho por essas zonas menos favorecidas. Na maioria das vezes, ele ia acompanhado por alguns dos seus amigos escritores e poetas, tais como Carlo Emilio Gadda, Carlo Levi, Francesco Leonetti. Dispomos de uma farta e abundante documentação iconográfica, bem como de fotografias que ele mandou tirar por fotógrafos profissionais durante essas visitas sistemáticas, nas quais vemos Pasolini conversando com mulheres, crianças e jovens.

Em sua entrevista para Jon Halliday (em 1968), Pasolini explicou seu interesse pelo cinema primeiro por razões econômicas:

> Quando meu primeiro romance foi publicado, comecei a juntar algum dinheiro de direitos autorais, mas eu ainda precisava muito de um trabalho que me permitisse viver, e por isso me tornei roteirista. Claro que eu não podia escolher com quem colaborar, muito pelo contrário. Mas eu tive muita sorte e

sempre consegui trabalhar com as pessoas certas. Mesmo sendo sempre encomendados, eu tinha a impressão de que alguns desses roteiros [como, por exemplo, *La notte brava*, de Mauro Bolognini, 1959, pelo qual Pasolini recebeu o Prêmio "Nastro d'argento" de melhor roteiro em 1960] estavam entre as melhores coisas literárias que já fiz*.

Apesar de uma corroteirista, Laurence Bost, também ser mencionada nos créditos, o texto desse roteiro, vagamente inspirado em *Ragazzi di vita*, foi incluído em *Alì dagli occhi azzurri*.

Seu amigo Giorgio Bassani foi o intermediário, coautor e fiador dos seus primeiros textos (*La donna del fiume* (1955), direção de Mario Soldati, interpretado por Sophia Loren). No entanto, é preciso diferenciar esses trabalhos alimentares da constituição interna do seu universo estético, em que ele os realizará sem a ajuda de ninguém. Ele descobria suas armas estéticas mais em suas observações sobre as favelas ao redor do Acquedotto Felice e dos terrenos abandonados de Cecafumo (que descreveu nas suas poesias em *Le Ceneri de Gramsci*, nas suas cartas e nas prosas dispersas) do que em seu contato com a Cinecittà. "O antigo, a leveza festiva do simples", que ele celebra em "*Il canto popolare*" (*in Le Ceneri de Gramsci*), não basta para suavizar sua visão do mundo, cada vez mais desesperada.

Foi durante esse período que esse homem agradável, cortês e quase tímido consolidou posições radicalmente pessimistas e forjou nele, ou em volta dele, toda uma série de expressões negativas e agressivas, que se tornariam sua marca registrada: corsário, herético, blasfemo, luterano. A violência que captou no submundo, que se tornou seu modelo literário e estético básico, distanciou-se rapidamente da ternura nostálgica dos jovens camponeses. No entanto, será essa mesma violência – que chegará ao assassinato – que ele usará para expressar uma alternativa poética ao resto do mundo destruído.

Tanto mais sagrado será o mundo
quanto mais for animal: mas sem trair
sua alma poética, sua força
de origem, pois cabe a nós esgotar
seu mistério no bem e no mal
humano. Essa é a Itália
e o que não é: ao mesmo tempo
a pré-história e a história que
nela coabitam, pois
a luz é fruto de um grão obscuro.

"Italia Humilde", *in Le Ceneri de Gramsci*.

Mas, por que me obrigar a odiar,
eu que quase agradecido ao mundo pelo meu mal, minha diferença – e por isso sou odiado –
eu que no entanto só sei amar, fiel e aflito?

"Recit", *in Le Ceneri de Gramsci*, *op. cit.*

Pois somente o que conta é amar e conhecer
E não ter amado e não ter conhecido.

Esse é o início de seu poema mais famoso, "Il pianto della scavatrice", em *Le Ceneri de Gramsci.*

Uma língua

Em março de 1954, Pier Paolo e seus pais passaram a morar na Via Fonteiana, 86, perto da Villa Doria Pamphili, no bairro elegante de Monteverde, leste de Roma, no mesmo edifício onde morava Carlo Emilio Gadda. Ele começou a sentir falta de Rebibbia e sua miséria circundante:

> Ah, dias de Rebibbia,
> Que eu pensava perdidos em uma luz
> De necessidade, e que agora sei tão livres!

Os reconhecimentos literários começaram a chover. Ele recebeu o prêmio Carducci em Marina di Pietrasanta, uma pequena cidade balneária agradável do litoral, vizinha de Forte dei Marmi e próxima a Pisa, por *Meglio Gioventù* (suas poesias friulanas publicadas por Sansoni, na coleção incluída na revista *Paragone*, de Roberto Longhi e Anna Banti). Mondadori lhe propôs então um contrato para a prestigiosa coleção de poesias *Lo Specchio*. Ele se tornara uma pessoa literária importante antes mesmo de publicar a bomba que seria *Ragazzi di vita.*

Pasolini viajou com seu amigo Giorgio Bassani pela Umbria e pela Toscana, viagem que o inspirará a escrever *La Ricchezza* (in *La religione del mio tempo*, 1961).

Assustado tanto pela estranha narrativa como pelo conteúdo do romance, Livio Garzanti, a quem Pasolini não fazia questão de tranquilizar nem um pouco, ainda hesitava em publicá-lo: "Minha 'poética' narrativa consiste em atrair a atenção sobre dados imediatos. Algo que me é possível porque os dados imediatos encontram seu contexto em uma estrutura e duração narrativa ideal que, aliás, coincide com o conteúdo moral do romance". Em todo caso, no final de 1953 ele assinou um contrato para dois romances.

Livio Garzanti lhe pedira que fizesse alguns cortes nas narrativas longas demais ou nos termos que ele considerava diretos demais, grosseiros demais ou ligados demais à gíria, contra os quais ele protestou, mas que foi obrigado a aceitar: "É um erro acreditar que o romance deva sofrer muitos cortes (além dos cortes razoáveis que já fiz), porque o determinante é justamente sua construção maciça e obsessiva (falo do ponto de vista artístico). Menos denso, ele se tornará um produto neorrealista, "detaninisado", como diz Gadda". (Carta de 13 de abril de 1955.)

O romance foi publicado no final de maio de 1955, uma época favorável na Itália por anteceder um pouco a entrega do prêmio Strega, equivalente ao Goncourt. O livro obteve um sucesso de público imediato, que foi incrementado pelo ataque selvagem de Emilio Cecchi, a autoridade da crítica literária do momento (e há vários decênios) do jornal de direita *Il Corriere della sera.* Mas foram principalmente as críticas comunistas que explodiram. Despossuídos da sua exclusividade (o proletariado) por um olhar poético, os comunistas ficaram profundamente chocados e lançaram insinuações sobre as intenções do escritor: "o gosto mórbido pelo sujo, pelo abjeto, pelo decomposto e pelo turvo", escreveu um deles (Carlo Salinari, *L'Unità*, 5 de julho de 1955); "tudo transpira desprezo e ausência de amor pelos homens, conhecimento superficial e deformado da realidade", acrescentou outro (Giovanni Berlinguer, *L'Unità*, 29 de julho de 1955). As críticas explodiram na imprensa: fenômeno que só conheceu equivalente na França a propósito de *Voyage au bout de la nuit*[4]. A esquerda recriminava Pasolini por seu delírio irrealista e complacente em relação ao que era sexual e abjeto. A direita, sua obscenidade, inaceitável em um livro. Uma divisão normal da crítica partidária nesse tipo de problemas, à qual se juntou a intervenção do Ministério da Justiça, que exigiu uma

4. Romance de Louis-Ferdinand Céline. (N.T.)

investigação sob alegação de conteúdo pornográfico. Mas o livro, que não recebeu nenhum prêmio, foi um enorme sucesso de público.

Enquanto isso, Pasolini continuava seu trabalho como roteirista com Bassani e criava com alguns amigos (Leonetti, Roversi) a revista *Officina*, graças ao apoio da gráfica-livraria de livros antigos que pertencia a Roversi e, depois, com o financiamento (muito efêmero) de Valentino Bompiani (que Pasolini conhecera por intermédio de Fabio Mauri, o sobrinho do editor). Eles publicam uma parte de um livro de Gadda (*Eros e Príapo*). Calvino, Luzi, Sereni e Volponi serão os outros colaboradores regulares.

Nesse mesmo ano (1955), Pasolini publicou o *Canzoniere italiano* (uma antologia de poesias populares) com seu longo prefácio, colaborou com emissões radiofônicas e trabalhou em *Una vita violenta*, que ainda estava sem título nessa época. Seus leitores começaram a se manifestar, dando início a uma longa correspondência que ele manterá a partir de então com desconhecidos. Por exemplo, ele escreveu para um rapaz de Verona:

> Eu não gostaria que meu livro, que fala de rapazes tão diferentes de você, o tivesse chocado demais e colocado você com demasiada brutalidade diante de certos aspectos da vida que você desconhece. Eu espero que não ache os rapazes de quem falo no meu livro maldosos e cruéis "por natureza", mas que os considere assim também por causa do meio social no qual nasceram e viveram. E eu espero que, diferentemente de alguns críticos endurecidos pela hipocrisia e pela frieza, você também perceba com quanto amor e piedade pelos meus pobres heróis escrevi meu livro.

Foi nesse período que Pasolini tornou-se amigo íntimo de Alberto Moravia e Elsa Morante. Uma amizade inquebrantável unirá esse trio, que viajará muitas vezes junto, especialmente para a Índia e a África. Pasolini dedicou *La religione del mio tempo* para Elsa Morante, de quem se afastará somente depois de ter criticado duramente seu livro *La Storia* (em 1974).

Alguns meses depois, seu amigo Fabio Mauri apresentou-o a Laura Betti, cantora e atriz intelectual, para quem escreverá as letras das canções do seu espetáculo *Giro a vuoto* e que interpretará vários personagens nos seus filmes, como, por exemplo, a empregada inesquecível de *Teorema*, a Desdêmona de *Che cosa sono le nuvole?*, a turista inglesa de *La Terra vista dalla luna* e a mulher de Bath em *Os contos de Canterbury.* No teatro, ela trabalhará em *Orgie* sob a direção de Pasolini. Depois da sua morte, Laura Betti será a intérprete e diretora do recital "Una disperata vitalità", no qual apresentará as poesias do amigo em vários países da Europa, dirigirá o Centro Studi Archivio Pier Paolo Pasolini, do Fondo Pier Paolo Pasolini e, em 2001, um longa-metragem, *Pier Paolo Pasolini e la ragione di un sogno*, provavelmente, a mais bela homenagem cinematográfica que jamais lhe foi dedicada. Laura Betti morreu em 31 de julho de 2004, em Roma, depois de organizar vários colóquios e retrospectivas, valorizando de maneira única a obra de Pasolini.

Em vida, seu relacionamento não foi tão simples como ela teria desejado. A não ser que ela não quisesse de outra forma. Pasolini era irônico em relação à sua "esposa não carnal", como escreveu em uma carta para Jean-Luc Godard. "Sua generosidade nasceu através da piedade que ela foi obrigada a provocar em relação a sua própria pessoa: ou seja, algo heroico" (*Vogue*, abril de 1971, *in* "Écoutons ce que dirait un témoin de 2001, contraint à faire une nécrologie de Laura Betti", incluído no prefácio de *Teta Veleta*, de Laura Betti, Garzanti, 1979).

Quando eles se conheceram, Laura Betti, cujo nome completo era Laura Trombetti, tinha apenas 20 anos (ela nasceu no dia 1º de maio de 1934, em Bolonha). Naquele momento, uma longa polêmica nos jornais opunha Pasolini a Calvino por causa de *Le Ceneri di Gramsci*, uma parte da qual fora publicada em *Officina.* Quando, no dia 4 de julho de 1956, teve início o processo contra Pasolini e seu editor por causa de *Ragazzi di vita*, Alberto Moravia, Attilio Bertolucci e Giuseppe Ungaretti escreveram para o tribunal. Ungaretti escreveu o seguinte: "As palavras colocadas na boca desses rapazes são palavras que eles empregam normalmente e, na minha opinião, seria uma ofensa à verdade obrigá-los a falarem como gentis-homens. Por outro lado, cabe ao escritor a tarefa de representar a realidade tal como ela é com total liberdade. Não podemos pedir a um escritor que tenha a consciência de uma avestruz, ou, pior ainda, que banque o hipócrita diante das pragas da sociedade que precisam ser denunciadas justamente quando suas vítimas mais gravemente atingidas são adolescentes e crianças. Pasolini não somente sentiu com um raro impulso da alma esse dever, mas ele também teve o mérito de sempre elevar sua narrativa a um alto grau de poesia".

Não podemos deixar de observar que na história da literatura esse tipo de reclamação por parte do Ministério da Justiça, ou de alguns burgueses tementes a Deus, ou de intelectuais hipocritamente preocupados com a "responsabilidade moral", e esse tipo de apelo por parte de escritores que, com razão, não paravam de exigir o direito ao olhar realista e, também, à interpretação poética encontravam-se face a face com regularidade até os anos mais recentes, como se o texto permitisse que os fatos tivessem um eco inaceitável e que todo escritor tomasse o partido do seu personagem, do que ele falava e fazia. Sandro Penna fez uma comparação com os processos instituídos contra *Les Fleurs du mal*, de Charles Baudelaire, e *Madame Bovary*, de Gustave Flaubert; porém, ao contrário de Flaubert e Baudelaire, Pasolini e seu editor foram inocentados.

O sucesso de *Ragazzi di vita* assegurou o de *Le ceneri di Gramsci*, pelo qual Pasolini recebeu seu primeiro grande prêmio literário, o prêmio Viareggio, que dividiu com Sandro Penna. Não é fácil imaginar esse ano de 1957, marcado pela publicação de *Le ceneri di Gramsci*, sua primeira grande coletânea poética escrita inteiramente em italiano, pela elaboração do roteiro de *As noites de Cabíria*, mas também por sua colaboração com outros roteiros (entre os quais *Adeus às armas*, direção de Charles Vidor, segundo o romance homônimo de Ernest Hemingway), por uma atividade editorial muito intensa tanto para *Officina* como também para *Il Punto*, onde ele escrevia uma rubrica poética, e pelo término da redação de *Una vita violenta*.

Além das amizades profissionais e intelectuais que orientavam o decorrer dos seus dias, Pasolini conheceu Massimo Ferretti, um jovem poeta, cuja descoberta da homossexualidade Pasolini perturbara profundamente. A esse respeito, Nico Naldini forneceu uma informação que esclarece o papel que Carlo Alberto desempenhava na vida do filho. Como já mencionamos, ele morava com Susanna e Pier Paolo na Via Fonteiana. Segundo Nico, Carlo Alberto era um "bisbilhoteiro incorrigível, ele lia todas as cartas" que o filho recebia. Por isso, Pasolini escondeu ou destruiu uma carta de Massimo Ferretti, a quem respondeu nos seguintes termos:

> Eu não sei que atitude, ou que momento meu, traumatizou você. O simples fato de preferir rapazes em vez de mulheres não me parece merecer uma verdadeira e profunda indignação. É um fato objetivo. Mas talvez você tenha ideias preconcebidas, ingênuas e pouco aprofundadas a respeito. Leia Freud. As coisas adquirirão um aspecto científico com o distanciamento e a serenidade que lhes convêm.

Muito honesto, Pasolini admitiu que quando tinha a idade do jovem Massimo ele sofria dos mesmos tormentos, mas que agora eles haviam parado de persegui-lo.

Além da sua atividade intelectual, dos muitos artigos críticos dedicados a Anna Banti, Mario Luzi, Sandro Penna e Elsa Morante, entre outros, e das suas publicações poéticas (tais como *L'usignolo della Chiesa Cattolica*, poesias mais antigas datadas de 1943 a 1949 publicadas por Longanesi que, com suas referências religiosas – a Paixão de Cristo, Pascal, Verlaine – e o nome de Marx obscuramente presente depois de *Le ceneri de Gramsci*, semearam uma certa perturbação entre os leitores), que manifestavam uma grande coerência na reflexão sobre a língua poética e o papel do escritor como cidadão, houve apenas um acontecimento importante na sua vida pessoal: a morte do pai em 19 de dezembro de 1958.

> Ele morreu de uma forma que, agora, me faz sentir culpado por todos os sentimentos que eu tenha sentido por ele. Nos seus últimos dias seu rosto provocava piedade e parecia dizer: "Você não está vendo que vou morrer?". E eu continuei duro e evasivo, sem parar de me queixar por causa dos terríveis sofrimentos que ele causara à minha mãe e a mim.
>
> Carta para Francesco Leonetti,
> de 21 de dezembro de 1958,
> in *Correspondence générale*, *op. cit.*

No início de 1959, Pasolini terminou seu romance *Una vita violenta*, que ele corrigiu e censurou, sempre sob o controle da coragem prudente de Livio Garzanti. Mas nesse momento explodiu outro escândalo. Valentino Bompiani se encarregara de publicar no primeiro número da nova série de *Officina* uma poesia de Pasolini, com um epigrama ao Papa Pio XII, "Para um Papa", o que provocou um aviso do Vaticano para Bompiani, que acabara de solicitar para ser admitido no Círculo Romano da Caça, na época sob a égide da nobreza vaticana. A poesia incriminada comparava a morte do Pontífice à de um vagabundo da mesma idade. Pasolini recriminava o Papa por não se preocupar com os sem-teto e sem lei:

Bastaria um gesto teu, uma palavra
para essas crianças que são tuas terem uma casa:
esse gesto que não fizeste, essa palavra que não disseste...
Nem te pedimos que perdoasses Marx! Uma onda
imensa que irrompe há milênios de vida
separava-te dele, da sua religião:
mas não se fala de piedade na tua religião?
[...] Tu o sabias, pecar não significa fazer mal:
não fazer o bem é pecar.
Quanto bem poderias fazer! E não o fizeste:
não houve maior pecador do que tu.

Bompiani recuou diante da dificuldade. A experiência da revista terminara. Pasolini escreveu uma poesia para os "nobres do Círculo da Caça":

Velhos bodes papalinos, vocês nunca existiram:
Agora vocês existem um pouco
Porque existe um pouco Pasolini.

In La religione del mio tempo, Poesias, op. cit.

A partir de agora, Pasolini se dedicará ao cinema de maneira mais firme. Depois da morte do pai, ele e a mãe decidiram mudar de casa. Ele escolheu um edifício ainda mais burguês no mesmo bairro, porém mais próximo ao Janicule, na Via Giacinto Carini, 45, perto da Porta San Pancrazio. Nesse imóvel morava a família Bertolucci: Attilio, sua mulher Ninetta e os dois filhos, Giuseppe e Bernardo, ao qual Pasolini dedicou uma poesia, que será seu assistente em *Accattone* e escreverá o roteiro do seu primeiro filme, *La commare secca*.

Una vita violenta foi bem recebido pelos amigos, entre os quais, Giorgio Caproni e Italo Calvino, que escreveu: "Esse é um livro que eu gostaria de ter escrito (com tudo o que há nele, mesmo sendo muito diferente) e que talvez não escreverei nunca, mas estou contente que tenha sido escrito, isto é, que a literatura de hoje não seja tão diferente de como eu gostaria que fosse". O livro não recebeu nem o prêmio Strega – o vencedor foi *O Leopardo*, livro póstumo de Giuseppe de Lampedusa, que morrera em julho de 1957, publicado por Giorgio Bassani no outono de 1958 –, nem o prêmio Viareggio, apesar de Moravia ter retirado *Racconti romani*, forte concorrente, do concurso de modo muito elegante. Como era do seu feitio, Moravia protestou diante da derrota do amigo: "Um prêmio para Pasolini teria tido um significado de coragem e teria sido útil para toda a literatura italiana". Os amigos de Pasolini (além de Moravia, Gadda, Bassani, Ungaretti e Giacomo Debenedetti) tentarão compensar o erro, atribuindo-lhe o prêmio Città di Crotone (uma aldeia perto de Cantazaro, situada na região de Nápoles), em novembro de 1959.

Esse prêmio foi a ocasião de um confronto com alguns jovens fascistas. Para Pasolini nada era ganho de antemão. Os comunistas, entre os quais Montagnana, o cunhado de Togliatti, recomeçaram a atacar seu "desprezo" pelo subproletariado e o Partido. E a Ação Católica de Milão instaurou um novo processo contra ele por "obscenidade", mas o caso foi anulado por falta de provas.

Toda essa agitação em volta das suas publicações transformou-o em um caso literário muito procurado pelos editores das redações dos jornais, produtores de filmes e grupos de teatro. Vittorio Gassman, que na época dirigia o Teatro Popolare Italiano, encomendou-lhe uma nova tradução de *Orestie*, de Ésquilo, que será apresentada em 19 de maio de 1960, em Taormina. Depois da morte de Pasolini, Gassman encenará *Affabulazione*.

Pasolini multiplicou suas colaborações em roteiros – ele participará do filme *A doce vida*, de Fellini – e atividades jornalísticas (ele aceitará a proposta de Maria Antonietta Macciocchi para abrir um debate com os leitores na rubrica *Vie Nuove*, que se manterá até 1965 apesar da oposição extremamente violenta de uma parte da redação e dos membros da Nomenklatura, que, segundo Maria Antonietta Macciocchi, "escarneciam" daquele "veado" quando ele aparecia na sede do jornal).

Mas qual era então sua posição teórica sobre a criação artística? Pasolini tinha consciência de ser um fenômeno literário. Seus romances publicados na coleção "Romanzi moderni", de Garzanti, cujas capas provocantes (uma espécie de grafite) apresentava-os como testemunhas da realidade segundo a tradição corrente desde 1950 para esse tipo de literatura, que reproduzia com uma maior ou menor sofisticação a vida e a linguagem falada do povo ou dos marginais (quer se tratasse da literatura africana, hindu, sul-americana ou antilhana: desde Jorge Amado a Salman Rushdie, passando por Derek Walcott, Mo Yan, Hanif Kureishi e Bruce Benderson), desencadearam uma onda de protestos indignados tanto da direita como da esquerda, mas que eram unanimidade entres seus pares. Ele tinha o aval de Giuseppe Ungaretti, o poeta mais importante da Itália, e de Alberto Moravia, seu maior romancista, sendo que ambos eram escritores da "burguesia" italiana (por mais críticos que fossem em relação a essa burguesia, eles se originavam dela e se dirigiam a ela).

Desde a época do fascismo, era a primeira vez que um escritor despertava desejos de censura (que não tiveram consequências, pois, embora tivesse que comparecer várias vezes perante os tribunais, como Jean Genet ele sempre conseguia escapar das perseguições). Alguns anos mais tarde, na França gaullista, Pierre Guyotat e Nicolas Genka e, no cinema, Jacques Rivette terão o mesmo destino, mas menos sorte que Pasolini nos tribunais. O próprio Pasolini defendeu-se reivindicando o direito ao "realismo" e à liberdade da narrativa. Contudo, ele não entrou em detalhes sobre seu trabalho de reelaboração narrativa e estilística. Na realidade, ele não teve tempo para expressar-se de forma racional sobre seu projeto romanesco porque estava ocupado explicando a natureza de seu marxismo e de seu cristianismo sem religião, ambos presentes em *Le Ceneri de Gramsci*, cujo sucesso fora ampliado pelos escândalos ligados aos outros romances.

A coletânea de textos críticos *Passione e ideologia*, sobre a poesia e a língua, encarregou-se de fornecer suas posições sobre a literatura. Na sua maioria eram textos circunstanciais destinados a um público especializado, muito letrado, uma resposta à crítica didática oficial, que datavam do período anterior à redação dos romances. Era um empreendimento de reabilitação de algumas poesias dialetais e populares que haviam sido excluídas das histórias oficiais da literatura. Mas era também uma homenagem aos seus amigos, e algumas polêmicas com alguns poetas, tal como Mario Luzi, a quem ele contestava cortesmente as escolhas ideológicas. Esses últimos textos foram publicados pela primeira vez na revista *Officina.* Pasolini aproveitou para confirmar suas escolhas estéticas, mas a partir de agora a diferença entre o tom dessa coletânea e a amplitude da acolhida dos seus romances e poesias seria imensa.

Um público enorme se interessará pelo fenômeno Pasolini. Ao filmar a gente humilde até então completamente invisível na literatura romanesca mesmo entre os escritores socialistas ou entre aqueles que pelo menos tinham consciência das diferenças sociais (como os escritores publicados por Elio Vittorini na sua coleção "Il Gettone", editora Einaudi), ao dar total liberdade para um discurso sexual bastante solto, ao excluir qualquer julgamento moral sobre os delinquentes que ele faz falar e agir, ao não usar o recurso da narrativa tradicional da intriga, ao fragmentar sua narrativa, Pasolini tirou dos seus leitores mais bem-intencionados qualquer ponto de referência, pois não lhes deixou nenhuma posição fixa e designada. O leitor nunca tinha certeza de estar no lugar certo para acompanhar a narrativa. Pasolini teve a audácia de pular de uma narrativa intimista torturada, voltada para a sua própria pessoa (mesmo que a partir da observação escrupulosa de uma humanidade socialmente distanciada dele, mas à qual ele acreditava, ilusoriamente, ter acesso pela sexualidade, no Friul), para uma narrativa mais "objetiva", à qual, aliás, ele acabará aspirando no cinema.

A diversificação da sua atividade como roteirista sob encomenda, articulista de revistas, poeta, polemista, autor de romances e crítico e a diversificação dos meios profissionais nos quais passou a se movimentar – na publicação, no cinema, nas universidades, nos jornais, nos subúrbios do subproletariado, que ele nunca parou de visitar esporadicamente – lhe permitiram ter uma voz variável e livre. Por mais obscuros que possam parecer, os textos "programáticos" do final de *Passione e ideologia* anunciavam as tomadas de posição que seriam aplicadas em *Petrolio.* Ao aspirar a uma "liberdade estilística", Pasolini tentou liberar-se de qualquer ideologia, tanto narrativa como moral. Ele concluiu seu texto da seguinte maneira:

> A liberdade de pesquisa que ele [o experimentalismo estilístico] exige consiste principalmente na consciência de que o estilo, enquanto instituição e objeto de vocação, não é um privilégio de classe e, portanto, como toda liberdade, ela é incessantemente dolorosa, incerta, sem garantias, angustiante. Nós nos defendemos de qualquer misticismo, por conseguinte, também daquele da própria coragem, do pensamento estoico. Nós sabemos que a série de experimentações se revelará um caminho de amor no final – amor físico e sentimental para os fenômenos do mundo, e amor intelectual para a mente, para a história –, que fará com que estejamos sempre "com o sentimento no lugar onde o mundo se renova".*

Pasolini diferenciava esse experimentalismo do neoexperimentalismo (uma polêmica em breve o oporia aos vanguardistas, especialmente a Sanguineti, que o odiará até depois de sua morte).

A partir de agora, a criação – Pasolini tivera tanta dificuldade para ser ouvido pelo público, por mais restrito que fosse, desde seus primeiros textos poéticos (1942) e suas primeiras prosas (1946) – será dirigida sistematicamente a um público desmesuradamente ampliado. Esse foi o desafio a que ele se lançou diariamente. Essa "diferença" dolorosa (que não era necessariamente sexual – pois, afinal, ele não tivera nenhuma dificuldade em encontrar todo tipo de parceiros no mundo camponês e urbano havia quinze anos, uma prova, se prova há, de que a natureza dos seus desejos não era tão rara como se pretendia, quais fossem as aparências sociais que depois foram reivindicadas para o público –, mas mais artística) podia ser convertida em uma necessidade desenfreada de partilha. Nico Naldini contou como ele foi agredido por um jovem fascista durante a entrega do prêmio regional por *Una vita violenta* e como, exaltado, ele revidou com uma longa carta poética e política. Pasolini nunca renunciará ao diálogo com seus inimigos.

Um diálogo que não era necessariamente recíproco. Sua língua, que já era difícil de ser entendida pelos intelectuais, que eram seus companheiros de classe e que muitas vezes se perdiam no seu bizantinismo, mesmo estando dispostos a segui-lo, era totalmente ininteligível tanto para seus amigos proletários – Franco Citti queixou-se de que não entendia nada de suas tagarelices incessantes – como o era, *a fortiori*, para seus inimigos burgueses. Não somente por razões estilísticas (lexicais e sintáticas), referenciais (raros eram os leitores que entendiam todas as alusões às leituras pontuais, aos fatos e aos lugares autobiográficos. Pasolini e os editores nem se davam o trabalho de fornecer explicações: entenda quem quiser!) ou conceituais (raciocínios complexos demais), mas também do ponto de vista que adotara, que era sempre inesperado. Se Pasolini buscava o diálogo, ele continuava rejeitando a manipulação e a cumplicidade, duas formas de falsidade e hipocrisia.

Evidentemente que os paradoxos das suas posições no final da década de 60 (a condenação ao aborto, a crítica dos movimentos estudantis, o repudio da sua própria obra "libertadora", o horror à tolerância) não eram poses de um intelectual preocupado com a originalidade, mas a expressão do pavor de ser assimilado e tornar-se insípido.

Ele escreveu o seguinte para o jovem fascista de Crotone:

> Essa luz que você pensa ter em você – que o torna tão seguro a respeito de cada pensamento e cada ato da sua vida – é, na realidade, inefável, sensual e irracional. Você confia nessa iluminação perigosa da sua alma tão facilmente iluminável e foge da lógica e do raciocínio. Você foge deles porque tem medo.

Esse gosto pelo diálogo, muitas vezes inútil e monologado, ele o despejou em outras formas de provocação, típicas da sua personalidade.

Alguns meses depois, quando foi obrigado a defender em público um candidato ao prêmio Strega (o escritor Italo Calvino, seu amigo-inimigo) contra seu rival Carlo Cassola (que representava um tipo de romance acadêmico cujas convenções estilísticas e narrativas ele fustigou), Pasolini declamou a poesia "In morte del realismo", um pastiche do monólogo de Marco Antônio sobre a morte de César em *Júlio César*, de Shakespeare: "Eu vim falar da morte / do realismo italiano / seu estilo era misturado, difícil, vulgar. / Mas Cassola pensa / que era ambicioso / e Cassola é um escritor respeitado", recitou, parodiando os versos de Shakespeare que retornam como um refrão: "*Yet Brutus says he was ambitious/ And Brutus is an honourable man*".[5] A defesa de Italo Calvino, cujo universo imaginário lhe era radicalmente estranho, mesmo que conseguisse entendê-lo, admirá-lo e analisá-lo – o que fará em *Descrizione di*

5. *Mas Brutus diz que era ambicioso / e Brutus é um homem honrado.* (N.T.)

descrizioni sobre "As cidades invisíveis" –, foi menor do que sua autodefesa sobre o uso do estilo realista:

> Ainda ontem o discurso vulgar
> do estilo mimético e objetivo
> – a grande ideologia do real –
> espantava vocês... e agora ei-lo ali,
> no chão, e ninguém se sente agora
> bastante indigno para respeitá-lo.

O que preocupava Pasolini era entender por que fora rejeitado por um movimento de "escritores respeitáveis", que se sentiam os únicos autorizados a escrever, zombando de um realismo que haviam decretado vulgar, que fora massacrado, e agora estava largado no chão, como ele mesmo escrevera. Era em nome desse realismo traído que Pasolini escrevia. O que ele atacava não era realmente Cassola, um escritor correto do socialismo acadêmico, que não passava de um pretexto, mas todos aqueles que se opunham a ele, Pasolini, e que "terminaram restaurando a língua / e obtendo o que queriam: / reduzi-la à insipidez do Estado".

A esses escritores respeitáveis, "socialistas brancos – bem-vistos pelo Vaticano", entre os quais se incluía Cassola, Pasolini opunha seus amigos, "os bons e impiedosos diagnósticos de Moravia", "a doçura sociológica de [Carlo] Levi", "a história de ouro de Bassani" (uma alusão a *Gli occhiali d'oro)*, "as criaturas de *L'isola di Arturo*" de Elsa Morante, os escritores de *Officina* com Italo Calvino e, por fim, Gadda e seu *Quer pasticciaccio brutto de via Merulana*, "uma maravilhosa prefiguração de todo / mimetismo criativo".

Pietro Germi acabara de adaptar o romance de Gadda para o cinema, no qual a atriz Claudia Cardinale interpretaria o papel principal, sobre a qual Pasolini escreveu em *Il reporter*, em 20 de dezembro de 1959:

> Uma Claudia Cardinale de quem me lembrarei durante muito tempo. Seus olhos tão próximos quando fixam algo obstinadamente, os cabelos castanhos despenteados (a única citação gaddiana verdadeira), o rosto humilde, de animal doméstico, e tão selvagemente perdido na sua tragédia.*

Claro que a essa lista de escritores, os mais íntimos do seu círculo de amigos, ele teria podido acrescentar outros – o que fez aliás, ao citar Vasco Pratolini ou Cesare Pavese – e, principalmente, acrescentar a si mesmo. Foi o que seus ouvintes ouviram no Teatro Open Gate de Roma, num estranho apelo poético por um realismo massacrado pela literatura conformista, mesmo quando socialista. No fundo, essa foi a resposta mais profunda que ele deu a todos os ataques cujo alvo haviam sido seus dois romances. Esse poema foi incluído em *La religione del mio tempo*, que será publicado no ano seguinte, 1961, junto com outros poemas-panfletos e vários epigramas.

Nesse mesmo período, a diretora de *Vie Nuove*, Maria Antonietta Macciocchi, lhe propôs que continuasse com suas crônicas na imprensa. Essa intelectual de esquerda, que lhe será fiel e servirá sua memória, entendera que o debate fazia parte integrante da sua criação. Somada à sua experiência como roteirista, à sua cultura artística distante formada por Roberto Longhi e às suas ambições pictóricas frustradas, que forjaram uma estética visual que ele ainda não explorara, essa etapa intermediária lhe permitirá passar da literatura para o cinema.

Um olhar

O cinema exige outro tipo de relacionamento com o público. Pasolini sabia que sua concepção muito particular do "realismo" literário (poético e romanesco) estava exposta a inúmeros mal-entendidos. Talvez ele quisesse que uma outra população tivesse acesso aos dois mundos: o seu e o dela. Ao encontrar na "linguagem da ação", tal como ela seria apresentada no cinema, um equivalente da reprodução escrita na língua falada, ele desejava um contato menos filtrado com o real (o que explicou longamente em *Empirismo eretico*, no capítulo *La lingua scritta della realtá*). Mas seria uma linguagem não verbalizada, na qual os elementos do real seriam os próprios signos e, consequentemente, não precisariam de um filtro suplementar como o sistema linguístico escrito. Ele também queria um contato menos filtrado (socialmente) com seu público, que terá uma compreensão mais imediata das imagens de um filme do que das páginas de um livro.

Em 28 de maio de 1960, ele iniciou o debate em *Vie nuove* com estas palavras:

> Senhora Macciocchi ganhou, como sempre. Estou trabalhando em três roteiros [*Una giornata balorda*, segundo um conto de Moravia, direção de Mauro Bolognini; *La commare secca*, um filme que ele pensou dirigir, mas que no final será dirigido por Bernardo Bertolucci, em 1962; e *La lunga notte del' 43*, direção de Florestano Vancini, segundo um conto de Giorgio Bassani], preparando um filme que eu mesmo dirigirei [*Accattone*, que fará graças a Fellini, com quem colaborara no roteiro de *A doce vida*], corrigindo as provas de um volume de seiscentas páginas de estudos [*Passione e ideologia*], organizando um romance sobre o qual aposto tudo definitivamente [*Il Rio della grana* ou *La Mortaccia*, que permanecerá como um esboço e cujos fragmentos serão incluídos em *Alì dagli occhi azzurri*, nos quais percebe-se os sinais precursores de *Petrolio*], escre-

vendo artigos e poesias de acordo com as intermitências e as obsessões da vocação e da profissão. Não tenho nem tempo para respirar, como se diz.*

Seus interlocutores mantinham um relacionamento de cordialidade às vezes irônico com ele. Os leitores da revista semanal *Vie Nuove*, uma publicação do Partido Comunista, certamente não eram aqueles de um jornal diário comum, mas de uma revista relativamente intelectual, com uma tiragem de quatrocentos mil exemplares. Seu tom era sempre cortês, mesmo quando era questionado. Embora não se expressasse sempre sutilmente, como, por exemplo, no artigo sobre a diferença sexual, que era bastante monótono e atendia à ideologia dominante sobre o papel das moças e dos rapazes na sociedade e nos seus relacionamentos, ele forneceu uma explicação clara e inteligente sobre o texto da poesia *In morte del realismo*. No entanto, aqui e ali podemos ler de forma transparente sua obsessão contraditória entre ser mitificado e ser conhecido como era na realidade. Por exemplo, quando um leitor reclamou que ele enchia os jornais com seus atos e gestos, ele queixou-se vaidosamente de estar sendo perseguido pelos jornalistas. A uma pergunta de um leitor sobre a tentativa de suicídio de Brigitte Bardot ele respondeu com uma análise do "sucesso" e atribuiu o gesto a uma personalidade dissociada: "a personalidade humilde do cotidiano, a verdadeira, e a outra, falsificada, muitas vezes de forma atroz, que constitui o mito das vendas estrondosas dos jornais".

Para o público, essa rubrica do jornal fervilhava de informações sobre seus trabalhos em andamento e suas escolhas políticas e estéticas. A resposta que ele deu em 3 de dezembro de 1960 para um leitor que lhe fez uma pergunta sobre o *Ulysses*, de James Joyce, contém uma digressão interessante a respeito do lugar do escritor no romance, e de uma alternativa que Joyce (e o próprio Pasolini) propôs para a dicotomia: "uma confiança indiscutível, admitida por todos, na realidade objetiva da vida humana" que, segundo Pasolini, seria a literatura romanesca do século XIX, e "o Eu [proustiano] como a única garantia de uma existência real e vivenciada". Joyce escolhera o caminho do meio, ele "não entrou no seu *eu*, mas no *eu* de outro homem, psicológica e sociologicamente diferente dele", e tentara "a mimetização e a reconstrução em laboratório da corrente de pensamentos de outro ser humano examinado na sua realidade pessoal". Nesse mesmo texto, Pasolini lembrou que seus dois romances seguiam a linha de James Joyce, Giovanni Verga, o autor siciliano de *Malavoglia*, e Carlo Emilio Gadda, que eles não apresentavam nenhuma frieza documentar porque seu princípio era "imitar a linguagem interior" por meio do uso do dialeto e que todos eram "como se fossem vistos pelo personagem". "Nessa operação as notas falsas estão sempre a um milímetro da escrita: basta ir longe demais na língua ou no dialeto para que essa amálgama difícil se rompa, e adeus estilo!"

É impossível atermo-nos a todas as declarações que Pasolini fez nessa rubrica que apresenta tomada de posições às vezes pontuais, circunstanciais ou passageiras. Por exemplo, alguns anos antes ele não tinha a mesma opinião tão particular e livre sobre a sexualidade como a que é anunciada na *Trilogia della vita*, a qual não terá mais nos últimos anos da sua vida:

> A sensualidade pela sensualidade não é um mal. Pelo contrário, ela pertence às coisas puras, que seria uma total idiotice chamar de "porcarias" [termo utilizado na sua correspondência em relação ao filme *La Vérité*, direção de Henri-Georges Clouzot]. Quem as chama assim é uma pessoa reprimida que condena aquilo que não pode fazer por hipocrisia ou por uma moralidade mal-entendida.*
>
> 29 de abril de 1961.

Pasolini preparava-se para exercer a direção cinematográfica quando explodiu um escândalo. Uma noite, ele foi parado pela polícia porque dois rapazes que estavam com ele no carro eram suspeitos de terem participado de uma briga violenta. Ele os recolhera na Via Panico, perto da Ponte Sant'angelo, em pleno centro de Roma. Esse incidente, que não devia ter maiores consequências, já que Pasolini não estava implicado na briga dos dois rapazes, adquiriu uma amplitude enorme e transformou-o no centro das atenções dos jornais. Todos os seus atos, gestos e declarações foram repercutidos por ecos deformadores. Esse foi o motivo por que ele se interessou pelo caso de Brigitte Bardot, que também era perseguida pela imprensa e, dois anos depois, por Marilyn Monroe, sobre quem escreveu uma poesia três meses depois do seu suicídio, ocorrido em 4 de agosto de 1962. Essa poesia foi usada em duas ocasiões: a primeira, quando foi musicada para o recital de Laura Betti, *Giro a vuoto*, apresentado em 12 de novembro de 1962, junto com outras cinco poesias de Pasolini, no Teatro Girolamo, em Milão; e a segunda, quando é ouvida em *off* no média-metragem *La rabbia* (1963), um filme montado como um documentário que seguia a estética de Godard, de quem Laura Betti reproduzirá o sistema quando homenageará Pasolini no filme *Pier Paolo Pasolini e la ragione di un sogno.*

A poesia para Marilyn Monroe prenuncia as poesias para Maria Callas, escritas em 1969-1970, durante e depois da filmagem de *Medeia*, e incluídas em *Transumanar e organizzar.* A temática é a mesma: Marilyn Monroe e Maria Callas são meninas traídas pelo mundo adulto que pertence a um mundo arcaico:

> Mas tu continuavas uma menina
> idiota como a antiguidade, cruel como o futuro,
> e entre ti e tua beleza possuída pelo poder

reflete-se toda a estupidez e crueldade do presente.
Levava-as dentro de ti, como um sorriso entre as
Lágrimas, impudica por passividade, indecente por obediência.
A obediência exige muitas lágrimas deglutidas,
dar-se aos outros,
demasiados olhares alegres, que exigem sua piedade.
Ela desapareceu, como uma sombra de ouro branca.

"Grande fanciulla" (grande criança), dirá de Maria Callas, na poesia *Rifacimento*, em *Transumanar e organizzar*.

O reconhecimento da sua inocência, e do erro estúpido da polícia, não abafou o escândalo. Além dos ataques dos quais será alvo na imprensa tanto pelos críticos da esquerda como da direita, das tentativas de censura (de proibir a projeção dos seus filmes), Pasolini também será alvo de todo tipo de calúnias. Um certo tipo de imprensa insinuou que ele mantinha contato com pessoas do submundo. Ela estava à espreita de quaisquer derrapagens, quer fossem da Justiça ou da polícia. O processo instaurado em novembro de 1961, um ano depois dos acontecimentos, enquanto filmava *Accattone*, foi uma ocasião para confusões. "É evidente que houve uma interpenetração muito singular e de tal porte entre a vida pessoal do escritor e as fantasmagorias da sua criação literária", escreveu o articulista Alfredo Todisco no jornal *La Stampa*, "que os fatos nos quais está implicado atualmente se assemelham a um capítulo dos seus romances" (citado em *Pasolini: cronaca giudiziaria, persecuzione, morte*, Garzanti, 1977).

Pasolini escreveu o roteiro de *Accattone* durante o verão de 1960. Ele deixou de lado seu projeto para um romance, que retomaria somente depois de terminar *Petrolio*, no qual projetava evocar uma descida aos infernos, um tema que estará presente em *La Divina Mimesis* (que decidirá publicar em 1975, mas que só o será depois da sua morte) e nos inúmeros caminhos labirínticos da sua ficção póstuma.

O que ele escreveu na sua rubrica de *Vie Nuove* de 3 de dezembro de 1960 sobre *La Mortaccia* – seu romance em andamento, depois abandonado – descreve perfeitamente a realidade futura de *Petrolio:*

> Encontraremos personagens de todo tipo: desde ministros democrata-cristãos até Stálin, desde ladrões e cafetões até Moravia, desde napolitanos até milaneses. [...] Minha obra será cômica e satírica. Nesse projeto, o Inferno dantesco é um elemento cômico, portanto explícito e declarado, nem mais nem menos do que um ato cômico de um teatro de variedades.

Enquanto estava mergulhado no seu roteiro, que escrevia com Sergio Citti, ele viu o filme *Rocco e seus irmãos*, cujo tema estava ligado ao que tentava descrever no cinema. Embora fosse um admirador de *A terra treme*, Pasolini ficou em parte decepcionado com esse novo filme de Luchino Visconti. Depois de elogiar essa obra-prima, cuja estreia aconteceu pouco depois de *A doce vida* – esse era o cinema italiano naquela época –, ele criticou seu tom melodramático. As reservas que expressou em relação a esse filme são muito importantes para podermos entender *Accattone*, que não está desprovido de *pathos*, muito pelo contrário, porém, de um *pathos* obtido por outros meios, mais violentos, mais secos e mais brutais no contraste com a trilha sonora e as imagens, a língua dialetal falada pelos atores (os atores amadores foram dublados) e a trama, uma espécie de Paixão, "um Cristo das favelas", como consta em uma poesia escrita na mesma época para Laura Betti (*Cristo al Mandrione*), da qual ele retomará um verso em *Mamma Roma*: "eu que não sou nada, e tu, o Rei dos Reis!".

De *Rocco e seus irmãos*, Pasolini lamentou a falta de "coragem de um aprofundamento psicológico tornar as coisas complicadas, os fatos contraditórios e os acontecimentos difíceis, deixando de ser um espetáculo. Esse aprofundamento psicológico – que deve ser reproduzido naturalmente de forma concreta, simples, ótica e plástica pelo uso de instrumentos da expressão artística – que Visconti também utilizou em *A terra treme*".

Pasolini e Visconti pertenciam a dois mundos e a duas culturas sociais muito diferentes. Mas Visconti buscava no seu cinema o mesmo que Pasolini: uma fé nos recursos pedagógicos dos meios estéticos utilizados, a qual estava além da representação das camadas sociais conflituais que até então não haviam tido o direito concreto de serem mostrados, exceto nos filmes populistas e complacentes. *A terra treme* e *Rocco e seus irmãos* tinham muitos pontos em comum com *Accattone; Bellissima* com *Mamma Roma* (e não apenas a atriz, Anna Magnani); *Os deuses malditos* (*La caduta degli dei*, 1969) com *Salò ou Os 120 dias de Sodoma*, *Édipo rei* e *Pocilga* (*Porcile*); *Sedução da carne* (*Senso*) com *Medeia; Morte em Veneza* (*Morte a Veneza*) com *O evangelho segundo São Mateus*; e *Violência e paixão* (*Gruppo di famiglia in un interno*) com *Teorema*. Não se tratava apenas de alguns temas em comum ou próximos (o subproletariado, a maternidade, o incesto, as tendências do nazismo-fascismo, a paixão de uma mulher por um traidor, o amor individual visto como um calvário místico, a decomposição da burguesia), mas de uma função atribuída ao cinema: ao mesmo tempo testemunho social, político, cultural e gesto sagrado, de sacralização do real em uma estética de transfiguração.

Pasolini dizia o que ele devia aos mestres que lhe abriram o caminho: certamente Dreyer e Mizoguchi, Chaplin e Rossellini, Buster Keaton e Jacques Tati, mas também a todos aqueles que, de uma forma ou de outra, também conceberam o filme como uma cerimônia estética, cada um com sua linguagem (Murnau, Godard e Bresson). O cinema de Pasolini era um diálogo constante. Os dois primeiros filmes com Rossellini; *Pocilga* e *Teorema* respondiam a

A chinesa; *O evangelho segundo São Mateus* dialogava com toda a obra de Bresson; e *Édipo rei* se refletia em *Fellini-Satyricon*.

O que Pasolini fez em relação ao impacto da sua criação foi excepcional. Mesmo com uma produção elaborada e cara, seus filmes concebidos fora de qualquer circuito comercial obterão um sucesso de público enorme, tão importante como os filmes criados com a intenção de obter esse sucesso. Seria uma consequência da notoriedade gigantesca que obtivera como o homem de escândalos que se tornara? Ou dos temas que tratara sucessivamente e como haviam sido abordados? Ou da situação particular do cinema e da vida sociopolítica na Itália?

Fellini era seu mentor no labirinto da produção. Fellini era grato àquele que chamava de *fratellino*, "irmãozinho" (eles tinham apenas dois anos de diferença), de "vozinha calma e afável" (como Pasolini, Fellini também tinha um timbre de voz agudo e suave). Pasolini foi importante para ele tanto em *As noites de Cabíria* com em *A doce vida*. Fellini pôde apreciar sua inteligência artística e decidiu ajudá-lo na produção de *Accattone*, um filme que será rodado no mesmo cenário dos subúrbios de *As noites de Cabíria* e de algumas cenas iniciais de *A doce vida*. Mas, depois de ver a montagem das duas primeiras cenas, Fellini desistiu da produção.

Pasolini procurara Fellini no último momento. Inicialmente, Pasolini, que já tinha produtores para seu filme, recusara a oferta de Fellini, que lhe propusera financiar o filme com sua produtora, Federiz, destinada aos novos talentos, que ele fundara graças ao sucesso de *A doce vida* e instalara no seu escritório, na Via della Croce, perto da Via Margutta, onde morava. Durante o verão, Fellini convidara-o para participar na produção prevista pela sociedade Ajace, dirigida por Cervi e Iacovoni, dois jovens produtores, com os quais Pasolini entrara em contato para a produção de *Commare secca*, seu projeto precedente, que no final será dirigido por Bernardo Bertolucci. Contudo, os produtores, que haviam considerado contratar o ator Franco Interlenghi (o protagonista de *Vitelloni*, de Fellini) para o filme, mas tiveram que aceitar o irmão de Sergio, Franco Citti, "um verdadeiro Accattone", segundo o cineasta, ficaram menos entusiasmados com o projeto. Pasolini então voltou a procurar Fellini, que "recebeu-o com um forte abraço". A descrição do início da filmagem, "*La vigilia. Il 4 ottobre*", foi publicada por Pasolini em *Il Giorno*, em 16 de outubro de 1960.

Ele filmou durante três dias, montou as sequências e esperou durante uma semana pelo veredicto de Fellini. Fellini confirmou que havia visto os ensaios, mas não fez mais nenhum comentário. No dia seguinte, Pasolini ligou para seu escritório, mas Fellini e seu colaborador haviam ido a um casamento. Então Pasolini foi almoçar na casa dos Bertolucci, que eram seus vizinhos. Enquanto aguardava a sentença da "pitonisa deliberante e distante", ele mergulhou "na sua velha solidão" e foi dar um passeio na Via Appia Antica. Em seguida, foi se encontrar com Alberto Moravia, que identificou seu problema imediatamente. Por último, ele passou no escritório da produtora Federiz. "O grande mistificador", comentou logo depois, "quis ser sincero e disse que o material não o convencera. O que não agradara a Fellini? A pobreza, a monotonia, a rudeza, o mau jeito estudantil, quase impessoal, com o qual filmei." Pasolini defendeu-se, afirmando que era um lance experimental e que os atores eram amadores. "O que eu podia fazer? Um milagre? É claro que Fellini esperava um milagre."

Fellini reclamou das abordagens e incertezas técnicas, dos deslocamentos das câmeras, e disse que os enquadramentos, os ajustes de luz ruins e os ritmos de *travelling* eram ruins. Pasolini argumentou que se tivesse que refilmar as cenas ele não faria diferente e manteria "o mesmo ritmo rápido, apressado, direto, saído de um primeiro jato, funcional, sem cores e sem atmosfera, tudo em oposição aos personagens". Diante dessa determinação, Fellini cedeu em parte, achando que nessas condições ele poderia produzir um filme de baixo custo. Ele deixou para dar sua sentença final no dia seguinte, mas Pasolini sabia que Fellini já tomara sua decisão final.

Ele voltou para casa pela Via delle Fornaci, que ficava perto do Vaticano. Sua mãe estava à sua espera:

> Minha casa, com a solidão da minha mãe. Somos dois sobreviventes, sem jamais ter a possibilidade de uma paz, aterrorizados por tudo o que sempre poderá nos acontecer. Desde a morte de Guido até a tragédia do meu pai nesses últimos anos, até minha tragédia, abafada e neutralizada durante um certo período, mas sempre pronta a explodir novamente, impiedosa, inevitável, sem esperança*.

Naquele dia, ele cancelou o jantar com Alberto Moravia, Elsa Morante, Rodolfo Wilcock e Mauro Bolognini.

Duas semanas depois, Pasolini encontrou-se novamente com Fellini. Depois, ele comentará com seus amigos: "Não importa o que Fellini faça contra mim, mesmo conscientemente, eu nunca conseguirei me irritar com ele". Eles foram comer em um restaurante chinês e depois foram caminhar na praia. Profundamente deprimido com a interrupção da filmagem, Pasolini disse para Fellini que havia assistido a uma projeção pública do filme *La lunga notte del' 43* (1960) no cinema Reale de Trastevere, no qual ele colaborara no roteiro, e ouvira o público vaiá-lo quando seu nome aparecera nos créditos. Desde o início do verão, ele disse ao amigo, os fotógrafos o perseguiam para escreverem artigos caluniadores, ele tinha "pavor do linchamento".

> Fellini tentou me reconfortar, mas, como ele é um angustiado como eu, talvez pior do que eu, suas palavras somente aumentaram minha angústia. O que ele disse é verdade, que eu

não devia validar de forma alguma, nem confirmar por preço algum, o "personagem" no qual os jornalistas transformam a pessoa verdadeira, na alteração que eles manipulam com a plena consciência de estarem praticando o mal*.

Eles ajudaram um casal cujo Fiat 500 havia atolado na beira da praia, e Fellini contou-lhe o final incerto do seu próximo filme (*8 1/2*): "imagens precisas e intangíveis, vitais e mortuárias".

Todo esse texto, datado de 6 de novembro de 1960, está particularmente bem escrito, em um estilo que Pasolini manterá na redação de *L'odore dell'India*, uma narrativa da viagem que fará dois meses depois. Esse relatório também será publicado no jornal *Il Giorno*. Ele não sentia nenhum amargor em relação a Fellini, mas uma compreensão amigável e mútua muito profunda. No entanto, entre eles havia uma incapacidade de um assumir a escolha estética do outro no plano financeiro, o único limite da sua amizade e admiração recíproca e profunda. A narrativa desses dias é muito reveladora, não somente em relação à natureza desses dois gênios, mas também quanto à qualidade única do seu relacionamento e da generosidade do olhar de Pasolini, que achava que teria que renunciar a um sonho e aceitar o julgamento de um cineasta reconhecido no mundo inteiro como um dos maiores da história do cinema. O que poderia ter sido um dos episódios mais sombrios da vida de Pasolini tornou-se um dos mais belos de uma amizade.

Mais tarde, o relacionamento entre esses dois criadores se endurecerá, e cada um seguirá seu caminho, mas sempre se influenciando mutuamente. O *Fellini-Satyricon* não teria existido sem o *Édipo rei* de Pasolini, da mesma forma como *Casanova* não teria existido sem *A trilogia da vida.*

Pasolini tentou consolar-se com a continuação da adaptação de uma peça de teatro friulana, *Storia interiore* (lembramos que se trata sempre de *Il cappellano*, que terá vários títulos sucessivos, entre os quais *Nel'46* no cinema), que prometera para Adriana Asti. Ele voltou para a Ajace, onde seus produtores o acolheram sem rancor e lembraram a ideia de chamar o ator Franco Interlenghi, que se entusiasmara com o roteiro que lera. Mas o distribuidor (l'Euro) desinteressou-se pelo projeto. Nova desilusão e desespero de Pasolini, que vai para casa: "Na velha sala de jantar escura que havia sido a pobre glória do meu pai nos anos distantes quando nasci, e que agora está coberta pelos quadros que eu pintei quando era um adolescente em Bolonha, desde alguns meses há um trágico televisor". No final, o filme será realizado, depois da filmagem ser transferida para abril, com Franco Citti no papel principal, tal como Pasolini desejava.

Nesse meio-tempo, Pasolini viajara com Alberto Moravia e sua mulher, Elsa Morante, para a Índia, em seguida com Moravia sozinho para a África, mais exatamente para o Quênia, onde seu pai, Carlo Alberto, fora prisioneiro. Ao voltar, ele escreveu algumas crônicas que reuniu sob o título *L'odore dell'India*. Hoje, ficamos surpresos pela pertinência sociopolítica e elegância estilística desse "diário". Essa viagem, que foi o primeiro contato de Pasolini com países do Terceiro Mundo, que aos poucos substituirá o mundo camponês do Friul e o Quarto Mundo dos subúrbios, influenciará seu olhar cinematográfico, conscientemente ou não. Como apontou Hervé Joubert-Laurencin no seu ensaio *Pasolini, portrait du poète en cinéaste* (Les Cahiers du cinéma, 1995), não podemos ficar indiferentes ao fato de o futuro cineasta ter realizado essa viagem entre os ensaios para Fellini e a filmagem de *Accattone*, que teria início na primavera, e refletido longamente sobre essas novas visões.

A Índia, a África e, mais tarde, o Brasil ampliarão a paisagem íntima do poeta e o espectro visual do cineasta. O conhecimento da miséria e do desespero não é uma palavra vã, nem o conhecimento da beleza daquilo que une a humildade, a pobreza e a beleza. A religião do escritor – que publicará *La religione del mio tempo* no seu retorno à Itália, em maio de 1961, no momento em que estará filmando *Accattone* – era uma religião social. Em termos teológicos ou sacerdotais, Deus está fora de questão nessa coletânea poética, que é um longo panorama da "Itália humilde", sendo que o termo "miséria" aparece nessas poesias ao lado da palavra "irmãos" com frequência.

Pela sua temática, e não por seu estilo, ritmo e tom, a poesia que inicia a seção da coletânea intitulada *La religione del mio tempo* poderia ter sido escrita por Sandro Penna. Depois de "dois dias febris", o poeta observa da janela dois rapazes de cabelos com brilhantina que sobem uma ladeira. Ele se recorda da sua juventude em Casarsa e Bolonha:

> [...] o dom
> desesperado do sexo, sumiu
> na fumaça: eu sou bom
>
> como um louco. O passado
> é aquele que recebi como destino,
> nada mais do que um vazio desconsolado
>
> e consolador.
> Debruço-me na janela,
> observo dois meninos que passam leves
> sob o sol; e me comporto como uma criança
> que geme não apenas pelo que não teve,
> mas também pelo que não terá...
> E nesse choro, o mundo é cheiro,
> nada mais: violetas, campos, quem sabe?
> minha mãe, e em algumas prímulas...
> Cheiro que tremula para vir a ser, ali
> onde o choro é suave, matéria
> da expressão, tom...

O mundo é cheiro, escreveu Pasolini. Cheiro de nostalgia, embora tenha afirmado no seu artigo sobre as dificuldades da produção de *Accattone* que perdera até a nostalgia. "Sou como um morto que adeja, irremediavelmente transformado em espectro, nos lugares onde viveu. Eu, que há anos não sofria de nostalgias, estou reduzido, quase por castigo, a sofrer agora dessa nostalgia, dilacerante e terrível."

A Índia também será toda ela cheiro, cheiro das fogueiras à margem do rio Ganges:

> Esse cheiro de alimentos pobres e cadáveres, que na Índia é como um sopro poderoso e contínuo que provoca uma espécie de febre. É esse cheiro que, ao tornar-se aos poucos uma entidade física, quase animada, parece interromper o curso normal da vida nos corpos dos hindus.

Aqui e ali ele esboçou reflexões sobre a pobreza, as religiões e o mundo arcaico. Provavelmente nenhum país era mais adequado para o sentimento de exílio e fracasso que Pasolini sentia naquele ano de 1960, quando tantos sonhos quase foram rompidos, e no qual se desenhava seu futuro em lampejos geniais, ataques destruidores de sua singularidade de homem livre e guerras. O todo era vivido por um homem afável, quase reservado, com uma vitalidade intelectual sem limites.

Ele voltou à Índia para filmar o que permanecerá um esboço, um média-metragem de trinta minutos, *Appunti per un film sull'India*, realizado entre 20 de dezembro de 1967 e 10 de janeiro de 1968, apresentado em Veneza e no canal cultural da televisão italiana em julho. O filme inspirava-se em um conto de Elsa Morante: a história de um marajá que ao saber que dois tigres estão morrendo de fome se oferece como alimento, uma metáfora sobre a independência do país e uma reminiscência de uma fantasia da infância de Pasolini (ser devorado por um tigre). O média-metragem narra o projeto no qual se mistura um documentário sobre a vida política e social. Essas "anotações" formavam parte de uma série de curtas ou médias-metragens que giravam em torno da questão do Terceiro Mundo.

Para Pasolini não se tratava apenas de fazer "documentários" sobre a pobreza mundial, assim como suas poesias não eram vestígios do mundo camponês, nem seus romances "testemunhos" do submundo dos subúrbios de Roma. Eles eram uma das inúmeras vias de acesso à sua realidade interior.

Ele acompanhou o casal Moravia e Morante, e mais tarde Dacia Maraini, que o arrastaram junto com eles na sua própria curiosidade pelo mundo e no seu ódio pela burguesia italiana. Pasolini já viajara muito pela Itália, era um observador profissional. Ele passara noites a fio nos campos e em Roma, era um andarilho "penniniano" impenitente. A profundidade das suas anotações somente era possível por causa dessa longa experiência de viajante interior, pela sua paisagem predileta (o Friul) e pela sua paisagem de eleição-repulsão (os subúrbios romanos). Nessas três paisagens, interiores e externas, reinava uma luz que ele sempre cantou em suas poesias e anotações pessoais.

Portanto, não devemos nos espantar nem com a intensidade do seu olhar sobre uma cultura hindu que ele desconhecia, mas que, apesar de tudo, lhe era familiar, pois a familiaridade mais segura (estética e compassiva) ele já tinha, nem com a fraternidade que sentiu entre o Friul, Roma e a Índia (mais tarde, entre a África negra, o Marrocos e o Brasil). Ao contrário de Moravia, que preparava suas viagens com longas leituras sistemáticas, Pasolini confiava na sua intuição e, no final, escreveu um livro mais pasoliniano do que "moraviano": *L'odore dell'India.* Mas a diferença que separava Moravia de Pasolini era justamente a distância intelectual e fria que o primeiro colocava no seu olhar de anatomista e o lirismo angustiante e sensual da inteligência compassiva do segundo.

Só encontramos um tom igual a esse, de dor na inteligência, de suavidade na diatribe, de vigor na revolta, de loucura depressiva na descrição da miséria, nas narrativas de viagens de Anna Maria Ortese, quando ela escreve seus relatos de viagem no seu próprio interior, no interior da Itália, ou no estrangeiro:

> De manhã, cada despertar devia ser um pesadelo. No entanto, os indianos acordam com o sol e, resignados, tratam de ocupar-se. O dia todo é uma errância no vazio, um pouco como vemos em Nápoles, mas aqui com efeitos incomparavelmente mais miseráveis. É verdade que os indianos nunca estão alegres. Eles sorriem com frequência, é verdade, mas são sorrisos de dor, não de alegria.
>
> *L'Odeur de l'Inde*, Gallimard, "Folio", *op. cit.*

Pasolini guardara na sua mente a imagem dessa tristeza sorridente quando começou a filmar *Accattone*, esse irmão dos mendigos indianos que ele encontrara em Benares, Calcutá, Bombaim, Délhi. Para essa filmagem, Pasolini circundou-se dos seus amigos dos subúrbios e de um pequeno grupo de intelectuais e atores. Ele chamou um grande operador cinematográfico, Tonino Delli Colli, para trabalhar com ele: não se tratava de filmar um documentário artesanal, mas de um empreendimento deliberadamente estético, preocupado em inventar uma linguagem artística. Pasolini tinha em mente modelos pictóricos extraídos do final da Idade Média (Masaccio) e planejava uma trilha sonora complexa (Godard, Bresson e Fellini talvez sejam os únicos que se preocuparam tanto com as trilhas sonoras dos seus filmes, num descompasso sutil com a imagem). O ritmo que deixara Fellini tão desconcertado (mas cuja lição ele aplicará nos seus filmes a partir de *Julieta dos espíritos*) consistia em interromper a narração violentamente, em fragmentá-la, não apenas no encadeamento das sequências, mas também no seu desenrolar interno, com repentinas soluções de continuidade que "imitavam" a linguagem amadora e davam a sensação particular de vibração do tempo e de presença de uma testemunha. Em *Julieta dos espíritos*, Fellini quis dar a sensação de uma presença sobrenatural no encadeamento das imagens. Nesse filme, o espectador passa ininterruptamente de um discurso "objetivo" para um discurso "fantasmagórico" quando Julieta está sob o domínio dos seus delírios de esposa traída e de menina rejeitada pela mãe e pelas irmãs monstruosas. Antes dele, Pasolini inventara um mundo de narração específica, no qual o movimento da câmera, o corte brutal das sequências, seu encadeamento em meio-tom, heterodoxo em relação às leis correntes de montagem, davam a sensação de uma representação não objetiva da realidade, de um olhar inquietante.

Ele permanecerá fiel a essa técnica, que era sua marca registrada, especialmente em *O evangelho segundo São Mateus* e em *Teorema*, em que a presença de um "observador" invisível é indicada pelos movimentos leves da câmera nos instantes em que ela deveria permanecer imóvel e quando às vezes segue percursos aparentemente arbitrários. Foi com Pasolini que Fellini aprendeu os *zoom* repentinos, que utilizará sistematicamente, primeiro em *Satyricon* e depois em *I Clowns*, *Casanova* e em *E la nave va*. Excluindo as tentativas experimentais de Cocteau e Buñuel, o expressionismo alemão, Eisenstein, de que Pasolini não gostava, e, talvez, Sternberg na sequência inicial do carnaval de *Este obscuro objeto do desejo*, ele foi o primeiro que usou essa estranha linguagem cinematográfica que manifesta o olhar de uma testemunha, isolando na realidade um detalhe que corta o curso da narrativa de forma exagerada.

O uso muito particular da música de Bach e, mais tarde, de Vivaldi (em *Mamma Roma*) e Mozart (em *Teorema* e *As mil e uma noites de Pasolini*) tinha uma função ritual deliberada. Pasolini tomara essa técnica emprestada de um filme de Bresson, *Um condenado à morte escapou* (1956), que ele considerava um dos filmes mais importantes do pós-guerra. Bresson usara a *Missa em dó maior* de Mozart para expressar a fatalidade de um destino, da mesma forma que o recurso a Vivaldi, Bach e Mozart em *Accattone*, *Mamma Roma*, *O evangelho segundo São Mateus* e *Teorema* destinava-se a instilar no espectador a certeza de assistir a um destino inelutável em que qualquer liberdade individual estaria ausente a partir daquele momento: os dados estavam lançados.

Apesar das suas inúmeras explicações em entrevistas, declarações teóricas sobre sua concepção da linguagem cinematográfica e sua escolha tardia por esse meio de expressão, podemos lamentar que, ao contrário de Robert Bresson, Jean Cocteau, Jean-Luc Godard, Ingmar Bergman, Andrei Tarkovski ou Marguerite Duras, Pasolini não tenha ampliado sua teoria sobre a estética da montagem (embora tenha explicado o uso da música e analisado a montagem de Antonioni). Quando Pasolini fala do cinema em *Empirismo eretico*, ou nas entrevistas para Jon Halliday, Jean Duflot ou Jean-André Fieschi, ele menciona apenas a relação dessa linguagem com a "realidade", ou seja, ele prolongava uma reflexão muito antiga (da época dos anos friulanos) sobre o objetivo poético e reinterpretava o mundo em relação à ideia cristalizada de uma representação, porém sem mostrar claramente sua própria técnica estética. Ele apenas demonstrava estar consciente da particularidade da trilha sonora cujos princípios explicou: "A música está dirigida para o espectador e coloca-o de sobreaviso, faz com que entenda que não está diante de uma luta de estilo neorrealista, folclórico, mas de um combate épico que desemboca no sagrado, no religioso".

A entrada de um escritor escandaloso no mundo do cinema não foi bem recebida (mesmo que, como já mencionamos, esse escritor estivesse bem relacionado com o meio cinematográfico por causa da sua colaboração com roteiros e uma figuração no filme *Il Gobbo* de Carlo Lizzani, uma aparição que será superexplorada pelos jornais). Os vanguardistas do grupo dos *novissimi* riram com escárnio, os neofascistas continuaram sua guerra contra Pasolini e vaiaram sua primeira projeção no Festival de Veneza e os comunistas exacerbaram sua irritação contra uma representação do subproletariado dos subúrbios que consideravam irrealista. Pasolini precisava lutar contra três frentes: a geração que o sucedia, a extrema-direita e a esquerda tradicional.

Na França, Marcel Carné ficou tão deslumbrado por esse cinema poético que, muitos anos mais tarde, em 1974, seu último filme, *La Merveilleuse Visite* (1974), segundo um conto de H.G. Wells, será uma homenagem a *Teorema*. Pasolini dirá na sua entrevista para Jon Halliday que, embora "acreditasse firmemente na realidade, no realismo", ele "não suportava o naturalismo". No entanto, a fonte de vários mal-entendidos será exatamente a natureza específica desse "realismo não naturalista". Logo depois, nas suas entrevistas ao vivo, tal como, por exemplo, naquela para Nino Ferrero em *Con Pier Paolo Pasolini*, no momento da estreia de *Accattone*, que Enrico Magrelli (Bulzoni, 1977) publicou com outras, Pasolini lembrou que ele devia mais a Carl Dreyer do que aos neorrealistas.

Nessa mesma entrevista, ele também explicou o uso da música de Bach como "uma contaminação linguística" análoga à que ocorria nos seus romances pela utilização concomitante dos dialetos e da língua culta da narração. "O fato de ter contaminado uma música muito culta e refinada como a de Bach com imagens corresponde, nos romances, à união do dialeto e do jargão dos subúrbios em uma linguagem literária que, para mim, tem uma derivação proustiana e joyceana." A escolha particular por Bach se deve a uma preferência única: "Para mim, a música de Bach é em si música, a música no absoluto".

Mas essas primeiras entrevistas não devem ser levadas ao pé da letra, pois Pasolini se contradirá logo depois. É claro que ele tinha o direito de contradizer-se, como o fez depois de ter elogiado Claudia Cardinale e Gadda. Nas primeiras entrevistas ele rejeitou, embora com alguns matizes e graduações, três tipos de cinema simultaneamente: o cinema populista e demagógico (do qual encontrou vestígios em *Rocco e seus irmãos*, apesar da sua admiração por esse filme, que ele considerou "esplêndido" e "refinado"), o cinema burguês cujos personagens tinham problemas existenciais que ele relacionava à burguesia (a "angústia" antonioniana de *A Noite*, que acabara de estrear, irritou Pasolini porque, segundo ele, era insuficientemente consciente de ser um estado de alma de classe, e o personagem de Jean-Paul Belmondo, em *Acossado*, que alguns críticos compararam imediatamente a *Accattone*, também lhe pareceu exageradamente burguês, produto de uma forma de pensar burguesa) e o cinema comercial (ele vilipendiou o produtor Dino De Laurentiis, o qual, no entanto, será uma pessoa determinante para seu futuro).

Uma posição que mais tarde exigirá vários ajustes. Silvana Mangano, que seria uma das atrizes prediletas de Pasolini, casada com Dino De Laurentiis, não simbolizará ao mesmo tempo o cinema neorrealista populista no filme *Arroz Amargo* desse mesmo Giuseppe De Santis que ele criticara em 1961, o cinema burguês e o cinema comercial? Mas Silvana Mangano não era apenas bonita, era uma intelectual. Ele a usará como figura materna, familiar e mitológica em *Édipo rei*, como figura sagrada (a Virgem Maria) em *Decameron*, como figura cômica, onírica e popular em *La Terra vista dalla Luna* e como figura antonioniano-burguesa em *Teorema*.

Nas primeiras declarações de Pasolini há uma espécie de calvinismo inflexível bastante desagradável, que pode ser explicado parcialmente pela violência dos ataques dos quais era alvo. Foi nesse momento que aconteceu o famoso incidente com o frentista de San Felice Circeo, que afirmava que Pasolini tentara assaltar à mão armada a pequena loja do posto de gasolina, ameaçando-o com um revólver que teria carregado com uma bala de ouro na sua frente. Como sempre, desde os acontecimentos de Ramuscello e, portanto, desde o início dos seus inúmeros problemas com a justiça italiana, Pasolini reagiu de três maneiras: no plano individual e psicológico, entrando em depressão, e preocupando as pessoas que lhe estavam próximas, tais como Biagio Marin, Laura Betti, Elsa Morante e Alberto Moravia, Anna Banti e Roberto Longhi, Giorgio Caproni, os Bertolucci, seu primo Nico Naidini, entre outros, a quem, desesperado, escrevia ou falava diretamente, porque acreditava que estava sendo alvo de um verdadeiro linchamento; no plano público, com uma tentativa de racionalização sistemática, uma análise inteligente, distanciada e generosa, da besteira "de base" do ser humano em posição de fraqueza social, com a tendência de querer explicar tudo de um ponto de vista sociológico e ideológico mais do que psicológico; e no plano literário por intermédio das poesias, nem que fossem invectivas, porém invectivas "suaves" – ele estava cogitando reunir algumas sob o título "Dolce" ("Doçura") –, sempre gerais, jamais nominais.

Quando ele se dirigia aos seus leitores de *Vie Nuove*, que eram leitores comunistas de mente aberta, ele se expressava em termos calmos e racionais. Por exemplo, ele comparou Bernardino De Santis, o frentista mitômano, a um cachorro que o mordera na Índia:

> [...] um cachorrinho doente, louco, desesperado, em jejum, furioso. Ele me mordeu, por sorte somente no couro do meu

> sapato, com uma fúria obstinada, possuída. [...] O terror torna os seres maus. A fraqueza, ferozes. A privação, maldosos. Estou falando dos cachorros da Índia. Mas os cristãos também, às vezes. Quando o terror é atávico (milhares de anos de malária, por exemplo, de bandidos armados e assaltos, como recentemente), a fraqueza e a privação coincidem.

Não era contra esse pobre cão doente, indiano ou cristão, que ele escrevia, mas contra os jornalistas.

Um combate

Antes de começar a filmagem de *Mamma Roma*, que coescreveu com Sergio Citti, e para o qual contratara Anna Magnani, uma atriz profissional, Pasolini voltou ao Quênia, sozinho dessa vez, e depois esteve no Sudão, no Egito e na Grécia. A África começava a penetrar no seu mundo interior, como evidenciam suas poesias, *Frammento alla morte*, em abril de 1960, *La religione del mio tempo*, que termina com o verso "África! Minha única alternativa...", e *La Guinea*, em *Poesia in forma di rosa*, publicada em 1964, que é um diário de viagem, e também vários projetos de filmes sobre intelectuais africanos, um dos quais ele pensou em chamar *Resistenza interiore*.

A filmagem de *Mamma Roma* ocorreu em abril-julho de 1962. Pasolini continuava escrevendo poesias, críticas (seus diálogos com os leitores em *Vie Nuove*) e a ter em mente sua produção de romances, mas por enquanto ele trabalhava em antigos projetos, como *Il sogno di una cosa*, seu romance social friulano, que escrevera quando chegara em Roma havia mais de dez anos e que será publicado por Garzanti. Em *Mamma Roma* ele colocou lado a lado atores amadores (um garçom de uma *trattoria*, Ettore Garofalo, que interpretou o papel do filho de Anna Magnani), escritores do seu círculo cotidiano (Paolo Volponi) e amigos (novamente Franco Citti). Ele ficou decepcionado com Anna Magnani, que, segundo ele, estava muito contaminada pela sua vida de pequena burguesa para poder interpretar um personagem do subproletariado.

O processo do assalto fantasioso do posto de gasolina de San Felice Circeo foi instaurado logo depois da filmagem de *Mamma Roma*. Os jornais aproveitaram para atacá-lo. A promotoria pediu um exame psiquiátrico, cujo resultado apontou que "Pasolini era tão profundamente anormal que ele aceitava sua anormalidade em plena consciência a ponto de mostrar-se incapaz de avaliá-la como tal". A partir de então essa reputação, que havia sido "confirmada" por um psiquiatra, foi alimentada por outros processos imaginários de mitômanos. Em outubro de 1961, um professor de Avellino, que também era um romancista aprendiz, afirmou que Pasolini o abordara uma noite e o levara para o campo, onde o escritor o maltratara sob a ameaça de um revólver e lhe roubara seu manuscrito, para depois reconhecer que havia mentido deliberadamente. Vários rapazes afirmaram que Pasolini usara suas vidas privadas e suas identidades nos seus romances e filmes. Os jornais sempre ecoavam esses delírios.

Mesmo que esses casos tenham sido arquivados, o do revólver da bala de ouro não o foi. Pasolini foi condenado a 15 dias de prisão, mas seu advogado apelou, e a sentença foi suspensa. Para Moravia, esse processo representava uma condenação disfarçada da sua homossexualidade. Ao contrário da Inglaterra vitoriana, e da França petainista, que revisara o Código tolerante de Cambacérès, a homossexualidade nunca constituíra um delito na Itália. Pasolini será anistiado no ano seguinte, e, depois de ser revisado, o processo será arquivado por falta de provas. Na sua crônica de *Vie Nuove* Pasolini repetiria inutilmente para os ouvidos moucos dos jornalistas que "não há nada mais contrário à minha natureza do que a violência", que ele considerava "o método de luta de Jesus Cristo, que era atualmente o de Gandhi, com sua não violência, suavidade e persuasão, ainda válido" e que ele jamais tocara em um revólver na sua vida.

Quando *Mamma Roma* foi projetado em Veneza, no outono de 1962, no dia seguinte ele tornou-se objeto de um pedido de interdição por ofensa aos bons usos e costumes, logo rejeitado pela Justiça. Quando o filme foi projetado em Roma, Pasolini foi agredido fisicamente por jovens neofascistas perto do cinema Quattro Fontane.

Em *Empirismo eretico*, Pasolini conta como perdeu o sangue-frio e deu uma bofetada num rapaz que o insultara. A maioria das testemunhas, entre as quais Laura Betti, afirmou o contrário: que Pasolini levara uma bofetada de um estudante. Ele apresentou queixa na polícia e depois a retirou; como sempre, tudo se resolvendo com uma poesia, como *La realtá*, que ele publicou em *Poesia in forma di rosa:*

> Pois a fatalidade de ser existência
> inalienável, raça, universo
> basta para qualquer um: mesmo se estiver no mundo sem
> fraternidade, porque diferente.
> Daí por que os risos e as alusões
> dos pobres racistas escorrem através de
> sua realidade, como sons
> irreais, de mortos [...].

Pasolini foi novamente intimado a prestar contas do "catolicismo" subjacente que alguns intelectuais bondosos, ou apenas irônicos, percebiam nos seus filmes. Mas ele protestou, como sempre protestara, quando depois quiseram recuperar sob esse rótulo *O evangelho segundo São Mateus* e *Teorema.* O catolicismo implica uma vida depois da morte, o que ele pessoalmente recusava:

> Tenho em mim esta ideia trágica que contradiz sempre tudo: a ideia da morte. A única coisa que dá uma verdadeira grandeza ao homem é o fato de que ele morre. Há dois ou três dias entrei numa *trattoria* romana cheia de imbecis, mulheres insuportáveis e elegantes, homens ricos e odiosos. No entanto, eles eram "grandes", eu sentia neles a "grandeza" do homem, e isso somente porque daqui a cem anos eles serão esqueletos! Isto é, a única grandeza do homem é sua tragédia. Sem ela nós ainda estaríamos na pré-história.
>
> *In Con Pier Paolo Pasolini, op. cit.*

Não obstante, seu próximo projeto será *O evangelho segundo São Mateus*, que substituirá outro intitulado... *Blasfema.* A leitura de *O evangelho segundo São Mateus* durante um congresso em Assis será determinante. Enquanto isso, a pedido de Alfredo Bini, seu produtor, ele dirigiu o média-metragem *La ricotta*, um filme em vários episódios (os outros foram dirigidos por Jean-Luc Godard, Roberto Rossellini e Ugo Gregoretti). O roteiro, escrito durante o verão, conta a morte de um figurante durante a filmagem de uma superprodução sobre a vida de Jesus Cristo. Aqui, Pasolini misturou *O evangelho segundo São Mateus* com lembranças de *8 1/2* (o encontro do diretor de cinema com jornalistas) e *Accattone*, cujo herói era um homem muito pobre, apelidado de *Stracci* ("Farrapos").

Vários críticos consideram esse média-metragem extremamente livre a obra-prima de Pasolini. Filme incontestavelmente inspirado, como a maioria dos seus filmes curtos de ficção, e ao mesmo tempo levíssimo e sério, cômico e emocionante, utiliza todos os meios dos quais dispunha o artista: a poesia (voz em *off*), as referências pictóricas, o realismo transfigurado, a diversificação de níveis de linguagem, o gosto pelo "blasfemo".

A projeção do filme também foi acompanhada por um processo e uma sentença de quatro meses de prisão com liberdade condicional por ultraje à religião. Claro que, como Pasolini disse na entrevista para Jon Halliday, o processo foi uma "farsa" e somente pôde ser levado adiante porque atendia às leis fascistas que não haviam sido abolidas e à presença de magistrados fascistas que, embora condenados depois da guerra por tribunais antifascistas, não haviam sido purgados. Pasolini contou que essa perseguição, que ele considerou racista e que na realidade estava ligada à sua homossexualidade notória, ainda durou três anos.

Inicialmente, o filme foi proibido, depois distribuído sob censura, Pasolini sendo obrigado a cortar uma voz em *off* que gritava "Tirem as cruzes!". Essa réplica, completamente justificada – o diretor, interpretado por Orson Welles, queria apenas filmar outra cena e os assistentes pediam uma mudança no cenário –, foi julgada "anticatólica". Para esse filme Pasolini contratara o cineasta americano Orson Welles (que, mais tarde, ele pensará em recontratar para o papel que, no final, será interpretado por Massimo Girotti em *Teorema*), o qual foi dublado por Giorgio Bassani, que declama a poesia "*Io sono una forza del passato*".

Laura Betti fez sua primeira aparição em filmes no papel de uma atriz temperamental que interpreta a Virgem Maria na reconstituição do quadro vivo do pintor Rosso Fiorentino, mas o filme ficou marcado principalmente pela aparição de Ninetto (Giovanni) Davoli na vida de Pasolini. Ninetto estava com 14 anos, era o caçula de cinco irmãos, e sua família era originária de imigrantes calabreses que moravam em Roma.

Ninetto nascera em 11 de outubro de 1948. "Vestido como os Beatles" (última poesia de *Alì dagli occhi azzurri*), ele viera assistir à filmagem que estava sendo realizada nos terrenos abandonados dos subúrbios de Roma, na Via Appia Nuova, e foi assim que entrou na vida de Pasolini, de onde nunca mais saiu. Ele não aparece nesse filme, mas trabalhará em *O evangelho segundo São Mateus*, no qual interpretará o papel de um pastor cheio de alegria.

Antes de começar a filmagem de *O evangelho segundo São Mateus*, Pasolini dirigiu um documentário, *La rabbia*, para uma montagem que deveria ser a contrapartida esquerdista de um filme político a duas vozes, sendo que a voz da direita era interpretada por Giovanni Guareschi, o autor de *Don Camillo*. Pasolini ficou furioso com esse arranjo que não estava previsto no contrato e quis retirar seu nome do cartaz. O filme, que encadeava sequências da atualidade, apresentava comentários poéticos em *off*. Em um longo "tratamento", Pasolini definiu-o assim:

> O mundo da mídia e do lançamento de produtos, mesmo os humanos, em base mundial é um mundo que mata. Pobre, doce Marilyn, irmãzinha obediente, impregnada pela tua beleza como uma fatalidade que alegra e mata. Talvez seguiste o bom caminho, o mostraste para nós. Tua brancura, teu ouro, teu sorriso impudico por gentileza, passivo por timidez, por respeito aos grandes que queriam que fosses assim, sempre criança, são coisas que nos convidam a apaziguar a raiva no choro, a dar as costas a essa realidade condenada, à fatalidade do mal. Porque, enquanto o homem explorar o homem, enquanto a humanidade continuar dividida entre senhores e servidores, não haverá normalidade nem paz. Essa é a razão de todo o mal do nosso tempo.*

Evocação de Cuba, Israel e da Argélia, cuja guerra contra a França acabara de terminar, *La rabbia* será um fracasso de bilheteria e permanecerá um dos filmes mais desconhecidos de Pasolini.

Pasolini, a mãe e a prima Graziella Chiarcossi (neta da irmã de Susanna, Enrichetta Colussi) mudaram-se para o EUR, um bairro de prédios comerciais e de residências de luxo localizado entre o aeroporto e o centro de Roma. Eles haviam comprado um apartamento recém-construído na Via Eufrate, 9. Esse será o último domicílio dessa família atípica.

Pasolini continuava obcecado pela África e começou a escrever o roteiro do filme *Il padre selvaggio*, para Serge Reggiani. Mas, por causa dos processos que haviam se multiplicado nos últimos tempos, Alfredo Bini não podia mais solicitar mais subvenções ou a cooperação dos bancos para esse tipo de projeto. Ele renunciou ao filme, cujo roteiro, que deveria ter sido político e metafórico, será publicado postumamente, e Pasolini chegou a imaginar uma cena de canibalismo, que depois será transposta para *Pocilga.*

Estamos na primavera de 1963, e a ideia do filme sobre Jesus Cristo definira-se. Pasolini pretendia fazer um filme sobre a divindade de um ser humano, e não sobre religião, não sobre Deus, mas sobre a poesia sagrada. Em fevereiro de 1963, ele solicitou pessoalmente a ajuda de um departamento cultural da Igreja (o "Cinema da Citadela"). A escolha do ator era problemática. Primeiro ele pensou no poeta russo Eugeny Evtuchenko, mas desistiu da ideia; depois em outros poetas, como Allen Ginsberg, Luis Goytisolo e Jack Kerouac. Sua escolha fixou-se em um estudante espanhol, Enrique Irazoqui, que viera vê-lo para tratar de um trabalho universitário que estava escrevendo sobre ele. Com o acordo de Alfredo Bini, Pasolini terminou o roteiro e a filmagem em julho de 1963, um período bastante longo para ele. Ele queria filmar em Israel, porém, bastante desencorajado com a ideologia nacionalista e messiânica do país, onde havia feito algumas tomadas para o filme que montará como um curta-metragem mais tarde, acabará preferindo a Itália, em Puglia e Lucarnia. Jerusalém será transposta para Matera, Belém para Barile e Cafarnaum para Crotone e Massafra.

A temática de Jesus Cristo estará presente desde o início na obra de Pasolini, que sempre o relembrava àqueles que demonstravam um espanto irônico de um diálogo tardio. Ele negava ter feito um filme católico e afirmava que nesse filme se limitara a uma pesquisa poética sob o signo do Papa João XXIII, em quem apreciava "a segurança absoluta daquele que acredita e que, portanto, não pode odiar". Conforme explicou na entrevista para Jon Halliday:

> O filme apresenta as características típicas da obra católica apenas exteriormente. Mas, do ponto de vista interior, eu acredito que jamais fiz uma obra mais pessoal, mais sob medida do que o *O evangelho segundo São Mateus* [...] [por causa] da minha tendência de ver sempre em qualquer coisa, mesmo nos objetos e acontecimentos mais banais, repetitivos, simples, algo de sagrado, mítico, épico. O filme está repleto dos meus temas e motivações pessoais. Por exemplo, todos

os personagens menores, que foram extraídos do subproletariado agrícola e pastoral do Sul, são totalmente meus, e quando o revi recentemente [em 1968] eu percebi que até a figura de Jesus Cristo me pertence integralmente, por causa da terrível ambiguidade que há nela*.

Na primavera de 1965, ele comentou o seguinte durante uma entrevista a Luigi Faccini e Maurizio Ponzi, para *Filmcritica*:

> Do ponto de vista religioso, o valor desse filme não tem mais significado do que outras obras precedentes de caráter religioso, isto é, esse tema religioso está presente, mas não tem, para mim, a menor aproximação com a religião, nem com o credo católico. Eu continuo ateu como sempre fui até agora, e marxista como sempre fui até agora.
>
> *In Con Pier Paolo Pasolini*, *op. cit.*

Mas a perseguição judiciária da qual era alvo, as constantes calúnias sobre sua sexualidade e suas relações conturbadas com um meio social ilícito certamente também o persuadiram a mergulhar nesse projeto poético que o afastara de um mundo que ele privilegiara nos seus romances e filmes até então. O que havia sido metáfora e fundamento passará para o primeiro plano.

Nesse meio-tempo, Pasolini tivera tempo para criar e filmar sua pesquisa sobre a sexualidade mencionada anteriormente: *Comizi d'amore*. O *Miles gloriosus* de Plauto, que ele traduzira em 1960 para Vittorio Gassman, foi encenado com sucesso, o que incentivou o editor Einaudi a encomendar outra tradução de uma peça de teatro. Provavelmente impelido por *Comizi d'amore*, Pasolini propôs ao editor traduzir *Tartufo*, de Molière, mas não terminará a tradução.

Durante esse período, *Poesia in forma di rosa* também foi publicado. Estamos em maio de 1964. O livro reunia epigramas circunstanciais e diários poéticos de viagens. Para quem desconhece os detalhes da vida pessoal e pública de Pasolini, que se limitou a fazer alusões e argumentações referentes às preocupações do momento, provavelmente trata-se da coletânea mais obscura. Apesar de incluir grandes poesias como *Supplica a mia madre* e *Una vitalità disperata*, a obra não tinha a amplitude poética nem a ambição das coletâneas precedentes. O tom poético era diferente: ele não era mais um poeta voltado para os outros, mas um poeta que monologava diante de si mesmo.

Embora recebesse elogios de todas as partes – de Calvino, Elsa Morante e Laura Betti que, com ciúmes por ter sido excluída do projeto *O evangelho segundo São Mateus*, escreveu-lhe: "Eu realmente o considero um poeta. Diante disso, o cinema torna-se algo modesto e pálido, formado apenas de luzes neon, satisfações mundanas imediatas e, por último, um belo zero. Eu acho que gosto mais de você triunfando como poeta ou escritor do que como cineasta" –, ele demonstrou um desinteresse relativo pela acolhida que o livro recebeu. Como devia apresentar uma cópia em Veneza no final de agosto de 1964, filmou *O evangelho segundo São Mateus* em três meses com um grupo de atores não profissionais, sua mãe, intelectuais, Ninetto e alguns rostos conhecidos do público que já haviam trabalhado nos outros filmes. Os personagens principais foram quase todos interpretados por escritores do seu círculo de amizades e incluíam Enzo Siciliano, Natalia Ginzburg, Giorgio Agamben, Paolo Volponi, Alfonso Gatto, Francesco Leonetti, Giorgio Caproni e o sobrinho e o irmão de Elsa Morante.

Pasolini multiplicou as referências pictóricas para esse filme: Giotto e Piero della Francesca para as roupas dos fariseus, Rouault para a cabeça de Jesus Cristo e Duccio di Buoninsegna para os movimentos da multidão ou planos gerais. Ele mesmo criticou severamente o filme em 1968, depois de já ter filmado *Gaviões e passarinhos*, *La Terra vista dalla Luna*, *Édipo rei* e *Teorema*. Ainda na sua entrevista para Jon Halliday, ele disse:

Há momentos terríveis dos quais sinto vergonha, momentos repugnantes que lembram, e são quase, o barroco da Contrarreforma: os milagres. O milagre da multiplicação dos pães e dos peixes e de Jesus Cristo caminhando sobre a água são de uma beatice asquerosa. O salto desse tipo de cenas, dignas de imagens piedosas, para a violência apaixonada da sua política e sermões é tão grande que a figura de Jesus Cristo só pode provocar uma enorme sensação de mal-estar no público. Depois de verem o filme, os católicos saem um pouco estremecidos e convictos de que o transformei em uma pessoa má. Na realidade, ele não era uma pessoa má, apenas uma pessoa cheia de contradições.*

No filme há vários anacronismos assumidos, como os pequenos círculos de "primeiras comungantes" nas orelhas das jovens figurantes italianas. Pasolini insiste, em várias entrevistas, no tema da "analogia poética" que substituirá aquele da "reconstituição histórica". Mas a analogia refere-se mais ao personagem e ao cineasta do que aos lugares, o que, aliás, foi constatado pelos seus interlocutores de *Vie nuove.* Um deles, Mario Vinciguerra, escreveu em 28 de janeiro de 1965:

Quando vi seu belo *Evangelho*, senti um pouco de pena dos discípulos de Jesus. Eles nunca diziam algo que o Mestre aceitasse, ou aceitasse completamente. Nessa rubrica os interlocutores são seus discípulos. Você os ama, não tenho a menor dúvida sobre isso, mas você se sente sempre um pouco mal-entendido, o que o irrita. Ou estou enganado?*

Como acontecera com seus filmes anteriores, *O evangelho segundo São Mateus* foi recebido em Veneza com vaias fascistas, assobios, polêmicas e uma ovação por parte do grande público; porém, foi *O deserto vermelho* de Antonioni que ganhou o Leão de Ouro do Festival. O filme de Pasolini mereceu apenas o Prêmio Especial do Júri. Ele, que não gostara de *A noite* nem de *O eclipse* por causa do formalismo estatizante e do nível de abstração exagerado sobre "os problemas da sociedade", ficou fascinado com esse último filme de Antonioni. Em uma carta surpreendente que escreveu para um leitor de *Vie nuove* (crônica de 7 de janeiro de 1965), ele propôs uma análise estilística, portanto formal, de *O deserto vermelho* que muitos gostariam que tivesse escrito para seus próprios filmes. Pasolini analisou a montagem de forma muito sutil e expôs um sistema estético e uma linguagem cinematográfica de que estava agudamente consciente, alimentado pela sua própria prática: "O mundo se apresenta como uma beleza pictórica mítica, que os personagens invadem, adaptando-se, porém, a esse esboço em vez de profaná-lo com sua presença histórica". Esse tipo de análise mostra como Pasolini tinha consciência dos meios técnicos e estéticos que estão à disposição de um cineasta para mostrar uma representação objetiva ou subjetiva do mundo. O que o fascinou em *O deserto vermelho* foi o uso de uma linguagem formal que ele conhecia muito bem, aplicada a um conteúdo ideológico que lhe era estranho (como em *A noite*, que transcorre no meio editorial, portanto em um meio que lhe era familiar, mas que não lhe parecia valer um filme, bem como em O *eclipse*, que transcorre no meio da Bolsa de Valores, com personagens muito antipáticos), mas que, nesse caso, está a serviço do mundo íntimo de uma neurótica, a personagem de Monica Vitti: "Antonioni autolibertou-se. Ele finalmente conseguiu ver o mundo com seus próprios olhos, porque identificou sua visão delirante de estetismo com a visão de uma neurótica".

A partir de agora, o sucesso mundial de *O evangelho segundo São Mateus* garantirá a Pasolini um lugar no cinema que será reconhecido internacionalmente. Depois da projeção oficial no Teatro Mutualité, em janeiro, em Paris, o filme tornou-se o centro de um debate na Catedral de Notre-Dame de Paris! Ele foi duramente criticado por Claude Mauriac, que não estava tão errado assim no seu julgamento e, de forma muito mais surpreendente, por Michel Cournot, que, em 4 de março de 1965, escreveu o seguinte na revista semanal *Le Nouvel Observateur*:

> Encontrei nesse filme tudo o que detesto: o confusionismo, a irresponsabilidade, os olhares encantadores que não pensam em nada, a moda espalhafatosa dos grandes costureiros, a mentira. Ele é um exemplo perfeito de uma coisa que não soluciona nada: a arte "veado". [...] Eu nem sei se senhor Pasolini é "um deles", mas constatei que seu filme o é, e isso me irrita muito.

Esse texto, que utiliza termos de uma virulência incomum e é de um pensamento vulgar inaceitável, revoltará tanto Pasolini que ele transformará Michel Cournot em um palhaço em uma sequência do seu próximo filme, *Gaviões e passarinhos*, que no final acabou sendo cortada durante a montagem. Em uma entrevista divulgada por Maria Antonietta Macciocchi em *Due mila anni di felicità, diario di un'eretica* (Bompiani, 2000), Jean-Paul Sartre, a quem Pasolini dedicará uma poesia em *Alì dagli occhi azzurri*, tentará encontrar uma explicação racional para o comportamento irracional de uma certa esquerda intelectual francesa.

Sartre e Pasolini já se conheciam. Eles haviam sido apresentados em Roma em 1962, quando Pasolini mostrara ao filósofo os recantos dos subúrbios. Extremamente perturbado pelos ataques dos quais era alvo na França, ele começou seu diálogo com Sartre de maneira espetacular: "Se eu fosse francês, eu teria filmado *O evangelho segundo São Mateus* na Argélia, o que teria traumatizado os franceses, da mesma forma como ficaram traumatizados os italianos porque situei o filme na Lucânia. Então, talvez vocês entenderiam". Sartre – "esse homem amável, que não se escandaliza, sentado na poltrona com um charuto maravilhoso, mensageiro do amor", assim definiu-o Pasolini em uma poesia publicada em *Vie nuove*, da qual Sartre talvez jamais tenha tomado conhecimento – lembrou que a figura de Jesus Cristo incomoda a esquerda porque esta "teme que o martírio do subproletariado possa ser interpretado de um modo ou de outro como o martírio de Jesus Cristo". "Ao racionalismo francês falta uma crítica do racionalismo, assim como não há uma crítica do marxismo." Ainda segundo Sartre, e segundo o relato de Maria Antonietta Macciocchi, que testemunhou esse encontro no Bar do Pont-Royal, em janeiro de 1965: "O marxismo contém elementos cristãos que precisariam ser reconsiderados, até um movimento que se apresenta como não cristão precisa aprofundar-se na doutrina cristã enquanto mito".

Uma fábula

Depois da viagem aos países do Leste (Hungria e Tchecoslováquia), em março de 1956 Pasolini esteve no Marrocos, justo no momento em que ocorriam distúrbios civis e havia uma forte repressão policial em Rabat e Casablanca. Ele anotou no seu retorno à Itália:

> Não posso deixar de observar que a média de inteligência dos marroquinos é baixa, o que também os aproxima de vários outros povos em via de desenvolvimento. Certamente não por razões raciais inelutáveis, mas por uma ausência secular de uma prática de qualquer função crítica. Há uma simplicidade profunda, que se obscurece somente nos bairros muito delimitados do submundo, que torna os marroquinos encantadores, mas sem grande interesse. É nessa ausência de inteligência, ou de racionalidade, que devem ser procuradas, por um lado, a falta de qualquer carga revolucionária estável e, de outro lado, as violências de rua repentinas, patéticas e atrozes.*

Esse texto, bastante condescendente, é muito surpreendente por ter sido escrito por ele. E muito mais surpreendente por ter sido publicado em *Vie Nuove*, sem ser uma resposta para um leitor.

Essa foi a primeira estadia marroquina de Pasolini, que retornará muitas vezes a essa cidade, especialmente para a filmagem de *Édipo rei*, e, depois, nos últimos anos da sua vida. Ao contrário dos seus outros relatos de viagem, dessa vez, além desse olhar de uma dureza sociopolítica, ele não fez nenhuma anotação pitoresca, o que certamente também pode ser explicado por uma espécie de amargura alimentada pela estreia de *O evangelho segundo São Mateus*.

Poucas informações transparecem nos documentos públicos sobre sua vida particular durante esses meses. Ninetto Davoli, que ainda era muito jovem (16 anos), acompanhava-o por onde ia. Pasolini comparou-o aos nativos da tribo dos dinkas do Sudão e a um personagem arcaico, "pré-grego". Pelo menos em alguns textos Ninetto tornou-se para ele um objeto de observação etnológica. Ele será o protagonista do seu próximo filme, *Gaviões e passarinhos*.

Inicialmente, esse filme seria dividido em vários episódios, sendo que uma parte deveria ser uma reflexão sobre o Terceiro Mundo. Pasolini começou a querer integrar a figura do "industrial amável" nos seus filmes, o que fará em *Teorema* com o personagem do pai, interpretado por Massimo Girotti, em *Pocilga* (ele queria Jacques Tati para o papel principal, que será interpretado por Ugo Tognazzi) e em *Petrolio*, seu romance póstumo.

O grande ator napolitano Totò será o parceiro de Ninetto em *Gaviões e passarinhos*, interpretando um personagem que, segundo Pasolini, adviria do universo de Elsa Morante ou do conselheiro para publicações e famoso autor sem livro Roberto Bazlen, um escritor de inspiração fantasiosa, onírica e abstrata que nunca se decidia a publicar seu romance *Il capitano di lungo corso*.

Esse filme cômico, que tanto deve a Chaplin, mas que se apresentava como uma fábula política sobre o Partido Comunista e religiosa sobre São Francisco de Assis, foi filmado muito rapidamente no início do outono de 1965, no mesmo momento em que era publicado um "livro falso", *Alì dagli occhi azzurri*, que reunia roteiros, contos e poesias, em uma tentativa de unificar a criação cinematográfica e o resto da sua obra, escrita de forma mais tradicional.

Seu amor compartilhado por Ninetto Davoli foi uma mudança importante na sua vida. Ele não estava mais sozinho com sua mãe, sua arte, seu público transformado em medusa misteriosa, às vezes sedutora, às vezes destruidora, seus produtores, editores e amigos intelectuais ou proletários. Ele compartilhava uma intimidade com um adolescente vinte anos mais jovem do que ele, que se tornará sua musa da noite para o dia, ou seja, sua ligação interior com o mundo arcaico da realidade poética.

No final de 1965, Pasolini voltou para a África do Norte. Nessa época ele pensava em adaptar para o cinema o livro *L'attenzione* do seu amigo Moravia e encenar uma ópera de Bruno Maderna, mas nenhum dos projetos foi levado a cabo. Pasolini, que se aproximara ainda mais de Moravia quando dirigira com ele uma nova série da revista *Nuovi Argomenti*, que já existia, começou a manter com seu público o mesmo tipo de relacionamento que Jean Cocteau esboçara para seus filmes *A bela e o monstro* e *O testamento de Orfeu* e prenunciou aquele que Marguerite Duras aperfeiçoaria em *L'Homme atlantique*. A partir de agora, as estreias dos seus filmes serão acompanhadas de modos de usar, instruções, explicações do texto, precauções, ordens e invectivas.

O público de Totò, que estava habituado às suas comédias absurdas, sem pé nem cabeça, a roteiros extremamente fantasiosos, totalmente arbitrários e muito improvisados, ficou desconcertado com essa fábula filosófica e poética, um pouco didática, porque por detrás da viagem picaresca dos dois personagens que dialogam com os pássaros havia uma metáfora comunista. Estamos diante de uma narrativa que tem um pouco de Cervantes, de Laurence Sterne e de Buñuel (que acabara de dirigir três filmes metafóricos que pertenciam, de forma ampla, à mesma categoria de *Gaviões e passarinhos*: *Viridiana* (1961), *O anjo exterminador* (*El ángel exterminador*, 1962) e *Simon do deserto* (*Simón del desierto*, 1965), e não tardará a dirigir *A Via Láctea* (*La Voie lactée*, 1969). Mas Pasolini não fará essa aproximação. Na entrevista para Jon Halliday, ele ousará, no máximo, fazer uma comparação entre *Bela da tarde* e *La Terra vista dalla Luna*, porque os dois filmes eram oníricos), isto é, uma narrativa fantástica, com uma forma cerebral e austera, de uma comicidade refinada.

Pasolini temia perder contato com o público. O filme estreou em maio de 1966, mas não foi um sucesso. Em seguida, ele iniciou uma série de reflexões sobre a linguagem cinematográfica que serão incluídas em *Empirismo eretico* e utilizou a "oralidade" interpretada por seu companheiro Ninetto para definir "a língua escrita da realidade".

Contudo, um acontecimento fisiológico chegará no momento certo. Desencorajado com essa mudança na sua carreira cinematográfica, esse fracasso comercial e crítico amargo para um filme ambicioso que o transportava de volta à margem política do seu universo, depois de uma travessia cristã e compassiva tão longa, ele teve uma crise de úlcera que o obrigou a uma imobilidade muito fecunda. Ele escreveu quase todo o seu teatro em um mês. Ao mesmo tempo em que desenvolvia, com sacrifício, essa parte teatral da sua criação, tão prometedora na sua juventude, ele se aproximava da semiologia por intermédio de várias amizades intelectuais, entre as quais Roland Barthes.

Se o filme foi mal recebido na Itália, em contrapartida ele foi notado no Festival de Cannes. Depois das peças de teatro *Pilade*, *Affabulazione*, *Orgie*, *Bestia de stile*, *Calderón* e *Pocilga*, ele multiplicou os projetos de filmes, e tencionava filmar as biografias de Gramsci, São Paulo e Charles de Foucauld. Contudo, ele escreveu apenas uma sinopse sobre São Paulo, que transpôs para o mundo moderno. Ele também começou a publicar fragmentos de roteiros para seus dois próximos filmes, *Édipo rei* e *Teorema.*

Pasolini aproveitou um convite para comparecer a Montreal, em julho de 1966, onde seria apresentado o filme *Gaviões e passarinhos*, para descobrir Nova York. Em Nova York, ele simpatizou com Allen Ginsberg, que reverá na Itália no ano seguinte, e encontrou-se com Dino De Laurentiis, com quem jurara nunca trabalhar, que lhe propôs dirigir um episódio com Silvana Mangano para uma série de médias-metragens de autores, intitulado *As bruxas*. Apesar das suas declarações anteriores, ele aceitou esse "filme de produtor" e voltou a trabalhar com a dupla Ninetto-Totò, explorando uma veia que desenvolverá em seguida, a da narrativa sob a forma de um conto onírico.

La Terra vista dalla Luna conta a vida de um viúvo e seu filho em uma favela pintada em cores pueris – como Godard o fizera em *A Chinesa* e Jacques Demy em *Duas garotas românticas*, o colorido vivo dos cenários prenunciando o filme *Dodeskaden*, de Kurosawa. A presença fantasmagórica de uma mulher, interpretada por Silvana Mangano, que morrera de verdade quando fingira um suicídio, será o germe não somente de outros médias-metragens de tonalidade poética e imaginária como, por exemplo, *O que são as nuvens?* (*Cosa sono le nuvole?*), novamente com Totò e Ninetto, mas da futura *Trilogia da vida*. A partir de agora, as cores, que aparecem de modo fugidio na sequência de *La ricotta* durante a reconstituição de um quadro vivo, serão parte integrante da sua linguagem estética e, com ela, do mundo do sonho que dominará seu último período cinematográfico.

Dependendo do ponto de vista, o que Pasolini chamava de "realidade" em todos seus textos teóricos e poesias define-se ou embaça-se. Alguns anos mais tarde, ele escreveu o seguinte a respeito da sua relação com a realidade:

> Chamo-a de sacralidade, e posso resumi-la de maneira esquematizada e elementar como segue: a minha incapacidade de ver o natural na natureza. Para outros, as coisas, a realidade, parecem normais, naturais. Para mim, ela parece investida de uma espécie de luz importante, especial, que deve, preferivelmente, ser definida como sacra. E isso é o que determina meu estilo, minha técnica.
>
> Nico Naldini, *Pasolini*, Gallimard, 1991.

Em todo caso, certamente não é uma realidade estritamente socioeconômica no sentido comunista e materialista. Ao contrário do que se acreditou nos seus primeiros filmes, ele não deu ao cinema a tarefa de representar a vida do subproletariado. Agora que Ninetto Davoli fará parte da sua vida íntima, ele não terá, e isso precisa ficar claro, nenhuma necessidade de ter um acesso sistemático a esse universo humano pela sublimação artística. Ele poderá voltar-se para outros povos e outros meios ambientes. Os habitantes da África, da Índia, do Oriente Médio e do Sudeste da Ásia substituirão a gente humilde italiana. Ele somente voltará à Itália (com os napolitanos) em *Decameron* e *Salò ou Os 120 dias de Sodoma.*

Ele filmou mais dois médias-metragens dentro do mesmo espírito: *Cosa sono le nuvole?* e *La sequenza del fiore di carta* com marionetes que interpretam *Otelo* e se encontram em um aterro sanitário. Laura Betti, que interpretava Desdêmona, usou a estética desse filme misto que, de certa forma, se aproximava de *La rabbia* no seu filme *Pier Paolo Pasolini e la ragione di un sogno.* Em uma sobreimpressão de sequências de fatos da atualidade, Ninetto corre rindo pelas ruas mais anódinas de Roma (temos a impressão de estar em Milão) e pela Via Nazionale, que termina na estação que fica ao lado do Quirinale. Despreocupado, ele cruza um mundo que, no entanto, o rejeita. A inocência ameaçada é um dos temas mais tenazes do universo estético de Pasolini.

Pasolini esperava poder reutilizar Totò muitas vezes, mas o grande ator morreu enquanto o cineasta fazia suas pesquisas no Marrocos para *Édipo rei*, o que o obrigou a renunciar a todos os seus projetos, entre os quais *Pinocchio.* O cômico-poético de Pasolini reaparecerá somente em breves sequências de *Decameron* e no universo de *Os contos de Canterbury*, infelizmente mais vulgar. A partir de agora, seu universo cinematográfico será novamente dominado pela tristeza pessimista dos seus primeiros textos.

Édipo rei instaurou uma estética da qual Fellini será devedor. A equipe artística, na qual o figurinista Danilo

Donati reinava, impôs uma tonalidade e uma liberdade de criação que também foram afetadas pela extraordinária efervescência dos anos 60. A filmagem durante a primavera de 1967 reuniu as estrelas do mundo cinematográfico italiano, ou seja, além de Silvana Mangano, os "viscontinianos" Massimo Girotti e Alida Valli, que também havia sido contratada por Bernardo Bertolucci para trabalhar no filme *A estratégia da aranha*, e figuras do mundo do teatro internacional, tal como Julian Beck, que interpretou Tirésias, e Carmelo Bene, que interpretou Creonte, de tal forma que o filme parecia ser a expressão de uma verdadeira criação coletiva.

O recurso a músicas étnicas liga a estética desse filme, pelo qual seu autor será reconhecido no estrangeiro, fortemente à sua época. Fellini criou *Satyricon* seguindo as pegadas de *Édipo rei*. Ao contratar o mesmo figurinista, Danilo Donati (para o qual designou como assistente Piero Tosi), Fellini tornou-se parte da mesma família artística. A reconstituição da antiguidade obedecia às mesmas leis, e algumas sequências eram quase um plágio. Por exemplo, a cena do labirinto de *Satyricon* foi calcada na de *Édipo rei*. Fellini, que até então se contentara com caricaturas fáceis, como em *Os inúteis*, *A doce vida* e *Julieta dos espíritos*, abordou pela primeira vez o universo homossexual frontalmente com nobreza e emoção.

O ritmo da criação cinematográfica acelerou-se. Pasolini filmava um longa-metragem por ano e apresentava-o em Veneza com regularidade. Ele estava pensando em desistir de escrever ficção literária, mas, ao mesmo tempo, publicou a preparação romanceada do seu próximo filme, *Teorema*, a partir de um projeto para o teatro. O filme trata da história metafórica de uma visitação. Um homem de uma beleza angelical se introduz no seio de uma família da alta burguesia – o pai é diretor de uma fábrica – e inicia sexualmente todos os membros da casa pela histeria, a ninfomania, a loucura artística, o despojamento e o misticismo, revelando-lhes o vácuo do seu universo ao qual terão que renunciar. Pasolini afirmou que não escrevera uma alegoria cristã, mas foi assim que seu filme foi recebido pelos católicos, que o consideraram uma sequência de *O evangelho segundo São Mateus*.

Com *Teorema*, ele deu início a uma reflexão mítico-política sobre a perda do sentimento do sagrado em um mundo pagão. Nesse sentido, *Teorema*, *Pocilga*, *Medeia* e *Salò ou Os 120 dias de Sodoma* pertencem à mesma série. O projeto romanesco de *Petrolio* provavelmente remonta a essa época. Embora sem mencionar o título, Pasolini fez um comentário a respeito em uma carta para Livio Garzanti.

Maio de 1968. Ocupadíssimo em dirigir o filme, Pasolini observava os movimentos estudantis com desconfiança, mas publicou na revista semanal *L'Espresso* uma poesia, à qual seu nome está muitas vezes ligado: "O PCI aos jovens!". Essa poesia, publicada sob o título (escolhido pela redação) "Eu detesto vocês, caros estudantes!", será incluída, sucessivamente, em *Nuovi argomenti* e *Empirismo eretico.*

> Vocês têm cara de filhos de papai.
> Odeio vocês como odeio seus pais.
> Filho de peixe peixinho é.
> Vocês têm o mesmo olhar maligno.
> São medrosos, inseguros, desesperados
> (ótimo!), mas também sabem como ser
> prepotentes, chantagistas, convencidos, descarados,
> prerrogativas pequeno-burguesas, meus amigos.
> Ontem no Vale Giulia, quando vocês brigavam
> com os policiais,
> eu simpatizava com os policiais![6]

---

6. *In* Maria Betânia Amoroso: Pier Paolo Pasolini, São Paulo: Cosac & Naify, 2002. Tradução original de Michel Lahud, *in* Michel Lahud, *A vida clara: linguagem e realidade segundo Pasolini*, São Paulo: Editora da Unicamp, 1993. (N.T.)

Durante esse período, Pasolini começou a colaborar regularmente com *Il Tempo*, na rubrica "Il Caos". Em uma nota introdutória ele explicou quais eram suas intenções:

> Eu sei vagamente que minha obra literária ou cinematográfica me coloca quase automaticamente na ordem das pessoas públicas. Pois muito bem: como tal, eu me recuso a me comportar como uma pessoa pública. Se eu consegui tornar-me uma autoridade por causa da minha obra, por menor que ela seja, eu estou aqui para questioná-la desde o início, como aliás sempre tentei fazer.

Ele sabia que sua contestação a qualquer autoridade institucional era contraditória e poderia parecer hipócrita.

Pasolini retirou seu livro *Teorema* da competição do prêmio Strega. O filme, interpretado por Terence Stamp, um ator inglês de origem proletária – que havia sido revelado no filme *O colecionador* (1965), dirigido por William Wyler, que também era uma metáfora sobre a paixão, a interpretação, a criação e a possessão –, foi apresentado na competição em Veneza e alguns meses mais tarde será recebido calorosamente pelos intelectuais da França, entre os quais Jean Renoir, François Mauriac e Marcel Jouhandeau, em meio a um clima geral de contestação. Lembramos que estávamos em 1968-1969 e que o Festival de Cannes havia sido interrompido alguns meses antes.[7]

Laura Betti recebeu o prêmio de interpretação por sua composição excepcional, por causa da qual sofrera tanto que quase rompeu com Pasolini no final da filmagem. Foi com ela que, no outono de 1968, Pasolini criou a peça *Orgie*, em Turim, que foi recebida com vaias e gritarias incessantes. Esse texto teatral estava próximo de outro texto

---

7. Em 18 de maio de 1968, Louis Malle, François Truffaut, Claude Berri, Jean-Gabriel Albicocco, Claude Lelouch, Roman Polanski e Jean-Luc Godard invadiram o Grande Salão do Palais e exigiram a interrupção da projeção em solidariedade aos operários e estudantes em greve. O Festival foi interrompido no dia 19 de maio. (N.T.)

do seu filme seguinte, *Pocilga*, e será incluído em um dos episódios do filme do qual fazia parte o média-metragem de Buñuel, *Simon do deserto*.

A partir de então, o ritmo de criação de Pasolini passou por uma aceleração extraordinária. Logo depois de terminar a filmagem das duas partes de *Pocilga* no início da primavera de 1969 (a parte arcaica e canibal nas encostas do Monte Etna, com Pierre Clementi, e a parte política milanesa com os atores godardianos Jean-Pierre Léaud e Anne Wiazemsky), ele iniciou *Medeia* durante o verão de 1969.

Do mito antigo, Pasolini manterá somente o aspecto conceitual e psicológico, mesmo que nas suas entrevistas ele mencione principalmente a temática geral da "perda do sentimento do sagrado". Não obstante, apesar de o filme ser apresentado de maneira menos autobiográfica do que *Édipo rei*, ele revela uma identificação muito forte entre o personagem de Medeia e sua própria pessoa. Para a concepção do vestuário e da estética geral do filme, Pasolini chamou o incrível figurinista de Visconti e Fellini, Piero Tosi. Os produtores entraram em contato com Maria Callas para interpretar Medeia.

A cantora lírica havia sido solicitada muitas vezes para trabalhar no cinema. Ela interrompera sua carreira lírica quatro anos antes, depois das interpretações desastrosas na ópera *Norma*, em Paris. Na realidade, ela perdera a voz havia dez anos. O único projeto cinematográfico com o qual concordara envolver-se fora *Medeia*, de Carl Dreyer, mas o cineasta dinamarquês estava muito velho, e os produtores não quiseram assumir nenhum compromisso com ele. Todas as outras propostas foram recusadas pela cantora ou fracassaram. John Huston a contatara para interpretar o papel de Sara em *A Bíblia*, que acabou sendo interpretado por Ava Gardner. Joseph Losey a queria para *O homem que veio de longe*, segundo um texto de Tennessee Williams, mas ela foi substituída por Elizabeth Taylor. Tanto Franco Zeffirelli como Luchino Visconti sonhavam em filmar musicais com ela. A ideia de que não cantaria e se limitaria a ter uma presença dramática acabou convencendo-a. O papel de Medeia na ópera homônima de Cherubini havia sido um dos mais importantes da sua carreira. Ela acabara de ser abandonada por Aristóteles Onassis, e sua situação pessoal estava muito próxima daquela da personagem, quando Medeia é traída por Jasão. Tal como a sacerdotisa da Antiguidade, para quem o assassinato será o último recurso, ela também tinha a sensação de estar deslocada em um mundo que não tinha mais sentido para ela. A barbárie do universo de Pasolini não a assustava. Ela não conhecia seus filmes, nem o homem. Mas não demorou muito para que os mal-entendidos escandalosos explodissem. Maria Callas estava acostumada a ser caluniada pela mídia. Como Pasolini, ela vivia havia vinte anos em meio às manchetes dos jornais que falavam da sua vida íntima, e qualquer relação pessoal era corroída tanto pela ambição artística como pela necessidade de estar sob as luzes da ribalta.

Inicialmente, Pasolini a queria para o filme porque ela seria capaz de declamar alguns trechos da tragédia de Eurípides em grego. Porém, aos poucos o roteiro tornou-se mais leve, e as imagens substituíram os diálogos, que foram muito reduzidos na versão definitiva. Para contracenar com Maria Callas, Pasolini contratou um belo rapaz de feições obtusas, Giuseppe Gentile, que era campeão olímpico de lançamento de dardo. Massimo Girotti, Laurent Terzieff e Margareth Clementi completaram o elenco desse filme contemplativo e hermético.

Na vida particular, Pasolini pressentia que seria abandonado por Ninetto Davoli da mesma forma como Maria Callas o havia sido por Onassis. Essa perda dupla os aproximaria um ano depois da filmagem de *Medeia*, quando o verão de 1970 seria dedicado à promoção internacional desse filme que o público recebera com muita frieza. Várias cartas e poesias demonstram a intensidade dessa relação artística e de amizade, da qual os jornais se apoderaram. Um beijo na boca em um aeroporto foi flagrado por um *paparazzo*. A poesia *L'Annello*, que será publicada em *Transumanar e organizzar*, prova que o mal-entendido quase perturbou o estado de alma dos dois protagonistas. Em agosto de 1970, quando estavam isolados na ilha de Tragonissi, no mar Egeu, eles cogitavam viver juntos e projetavam encenar *Mãe coragem*, de Bertold Brecht.

Em *Timor di me*, uma referência à famosa ária de Leonora na ópera O Trovador, de Giuseppe Verdi, Pasolini tentou esclarecer as dificuldades da sua intimidade. Maria Callas lembrava mais as mulheres com as quais ele se relacionara passivamente, Pina Kalc e Silvana Mauri, do que Laura Betti, que era excessivamente consciente, violenta, explícita, histérica, irônica e "uterina", como ela mesma dizia. Ele via em Maria Callas uma criança em busca de um pai, um papel que ele se recusou a ter com ela. Por seu lado, Maria Callas participava intensamente das angústias de Pasolini. Apaixonada por ele, durante os feriados de final de ano de 1969, ela acompanhou-o na sua viagem anual à África com Moravia e Dacia Maraini, que ficaram estupefatos com a presença da cantora lírica durante seus passeios de jipe pela floresta. Ela também o acompanhou quando ele foi buscar Ninetto Davoli no quartel onde ele prestava seu serviço militar. Ela estava ali, entre Pasolini e Ninetto, que pensava em casar-se. Esses três seres solitários sonhavam com uniões impossíveis. Seria tão ingênua para acreditar que Pasolini viveria com ela? E será que ele sentiu-se suficientemente provocado para pensar em uma colaboração prolongada que duraria vários anos? Estariam os dois tão perdidos por causa das suas respectivas situações sentimentais de abandono para se unirem? A divulgação de *Medeia*, que em 1970 levou-os a Mar del Plata, na

Argentina, e ao Rio de Janeiro depois da projeção oficial na Ópera de Paris, teria acirrado o mal-entendido? No entanto, eles mantiveram uma amizade intensa durante mais alguns anos. Callas escrevia para Pasolini de um modo terno, fiel, sem ilusões. Ela faleceu dois anos depois dele, com a mesma idade, aos 53 anos.

Na versão de *Medeia* distribuída na Itália não se ouve a voz de Maria Callas. Ela foi dublada porque seu sotaque grego matizado com entonações venezianas (ela praticara italiano com Meneghini, que era de Veneza) era identificável demais. Mas na versão internacional a voz de Medeia é dela mesma.

Pasolini talvez não tivesse consciência do lugar que *Medeia* ocupava na sua filmografia. Na sua mente, talvez esse filme estivesse ao lado de *O evangelho segundo São Mateus* e de *Édipo rei*, e se incluísse em uma série de retratos mitológicos à qual pertenceria a *Oréstia africana* que ele pretendia filmar em Uganda e na Tanzânia, onde havia estado enquanto filmava *Medeia*, mas que, por enquanto, se resumiria aos *Appunti* de 55 minutos, uma espécie de *making-off* antes do próprio término da filmagem, que não será levada adiante.

Pouco depois dessas filmagens concomitantes e antes da divulgação de *Medeia* durante o verão de 1969, sua peça de teatro *Pylade* foi encenada no anfiteatro de Taormina e *Affabulazione* foi publicada em *Nuovi Argomenti*. E, para não faltar ao encontro de sempre, *Pocilga*, que, não devemos esquecer, havia sido filmado antes, foi projetado em Veneza.

Um corpo

Durante o ano de 1970, Pasolini estava no centro de uma crise política e estética. Não podemos afirmar que ele tenha entendido realmente o que estava acontecendo no meio estudantil e feminista. Mergulhado em um sistema de representação mitológica que não chegava até o público, e tendo que renunciar ao sonho de uma paixão verdadeira por um amante que pertencia ao subproletariado, ele estava isolado. Certamente não deve ter imaginado uma vida de casal do tipo mimético burguês com Ninetto Davoli. Mas o resultado era este: ele estava sozinho, e não seria Maria Callas nem Laura Betti que substituiriam Ninetto Davoli.

Sua imensa notoriedade e seu vasto trabalho lhe propiciaram um certo bem-estar material, que lhe permitiu comprar uma casa perto de Orvieto, em Chia, no norte de Roma. A casa era uma torre em ruínas que ele mandou restaurar e decorar. Esse "castelo", como seu assassino Pino Pelosi o chamará, o transformara, apesar dele mesmo, em um burguês. Ele passara para o outro lado, para o lado dos possuidores. A fratura havia sido concluída. Ele perdeu sua rubrica em *Il Tempo* a pedido do diretor da publicação, que ficou chocado com o tom exageradamente político das suas intervenções. Nessa época (primavera de 1970), ele concebeu o projeto de *Trilogia da vida*, no qual ele já pensara durante a filmagem de *Medeia*, no início do verão de 1969.

Os três filmes que fará até 1973 foram uma maneira de refletir sobre a sexualidade e dar uma resposta indireta aos ataques relacionados à sua homossexualidade. Na entrevista para Jean Duflot, realizada nessa época, Pasolini explicou longamente a repressão anti-homossexual nos termos dominantes da época, ligados a uma análise da "economia libidinal". A bissexualidade caracterizava a sexualidade humana estruturalmente, e o homossexual representava um perigo para a ordem capitalista burguesa. Àqueles que reivindicavam que a prática homossexual ameaçava a reprodução e, portanto, a ordem familiar na qual se baseia a ordem social, Pasolini respondeu com um paradoxo fundamentado em uma observação etnológica, sociológica, política e em uma experiência sexual importante com os pretensos heterossexuais (os jovens que fundarão uma família enquanto mantêm uma prática homossexual frequente):

> Em todos os países onde a homossexualidade é fortemente endêmica ou reconhecida publicamente, a relação com a mãe, com o símbolo materno, determina uma inversão fundamental nas relações com a mulher. Talvez o homossexual tenha um sentido maior da origem sagrada da vida do que aquele que se considera estritamente heterossexual. O respeito pela santidade da mãe predispõe a uma identificação especial com ela. Eu diria mesmo que, inconscientemente, no fundo do homossexual há uma reivindicação da castidade, um desejo de angelização. De um modo igualmente obscuro, o homossexual busca a mesma coisa no outro (o mesmo-outro), um parceiro com o qual ele nunca correrá o risco de uma reprodução do terrível poder do pai, do profanador. Eu diria que o homossexual tende a preservar a vida, não acelerando o ciclo de procriação-destruição, mas substituindo a perenidade da espécie pela coerência de uma cultura, a continuidade de um conhecimento.*
>
> Jean Duflot (sob a direção de),
> *Il sogno del centauro*, Editori Riuniti, 1983.

Pasolini entrara em uma fase da sua vida na qual esse personagem público desacreditado, onipresente em todas as frentes políticas e culturais, na imprensa marrom, nos festivais de cinema, nas universidades, nas revistas intelectuais, nos debates políticos, nos debates com estudantes em todos os países do mundo, de Nova York até o Rio de Janeiro, passando pelo Marrocos, Turquia, Índia, Iêmen, Sudão, em todos os meios sociais, desde os subúrbios romanos, as casbás, o deserto, até os restaurantes da moda, os salões mundanos, as redações dos jornais, os teatros e os estúdios do cinema, alcançará um grande público. Desde a metade da década de 50, Pasolini nunca havia sido um autor confidencial, nem um cineasta das artes e dos ensaios. Suas poesias obtiveram uma repercussão considerável. Antes da publicação das suas coletâneas, elas tinham uma vida de *samizdat*[8], e algumas delas chegaram a ser publicadas em periódicos de grande divulgação. Sua palavra era constantemente amplificada por ele mesmo, seus amigos e seus inimigos. Pasolini era tudo, menos um autor de segredos, o que não significava que fosse entendido. Mas o alto-falante era sistemático.

Curiosamente, os textos para teatro tinham uma função oposta. Ao defender um "teatro da palavra" que, segundo os termos de Moravia, se opunha ao "teatro da tagarelice" dominante na Itália e ao teatro de vanguarda, e usando uma linguagem em verso, apresentada como difícil e reservada para os leitores de poesia, ele queria combater a cultura de massa. No momento da criação de *Orgie*, ele escreveu que, em contraste com a "falsa democracia" da comunicação de massa que era "terrorista, repressiva, estereotipada, desumana", seu teatro era fiel à exigência de uma "verdadeira democracia".

Os temas e a forma desse teatro, que na realidade estavam muito próximos dos roteiros dessa época (final da década de 60), giravam em torno da representação de células familiares mais ou menos realistas, que eram espelhos de crises culturais e sociais. *Orgie*, *Affabulazione* e *Pocilga* remetem a *Teorema*; *Pylade*, a *Édipo rei* e *Medeia*; *Bestia di stile* prenuncia *Petrolio* e *Salò*, segundo uma escrita fechada. Os diálogos, extremamente artificiais, eram projetados como poesias obscuras, com referenciais intermináveis, que às vezes reproduziam o sistema do teatro

8. Divulgação clandestina na URSS de obras proibidas pela censura. (N.T.)

antigo ou shakespeariano e outras vezes a linguagem dos epigramas dos longos poemas do próprio Pasolini. Tendo traduzido dramaturgos gregos e latinos, ele estava nutrido dessa linguagem poético-política que dominava o teatro da Antiguidade.

Sem estar realmente consciente desse fato, ele se comunicará diretamente com o público italiano do cinema de uma maneira extraordinária, por desvios. Como Fellini e Visconti, ele usará o desvio de "filmes de costumes" para representar a Itália moderna. Enquanto Fellini se voltará para a Antiguidade, e depois para o século XVIII, Pasolini se dirigirá para o *Trecento* de Boccacio e Dante, a Inglaterra de Chaucer (mesmo período), e para um mundo árabe pré-medieval que lhe permitirá entender esse Terceiro Mundo que invadira sua vida havia mais de dez anos. Fellini escolhera a Antiguidade (*Satyricon*) e o século XVIII (*Casanova*) sem, porém, deixar de rememorar sua juventude do período de antes da guerra (*Amarcord* e *Fellini-Roma*). Visconti, por sua vez, antes de fazer seu grande filme político sobre a Itália moderna (*Gruppo di famiglia in un interno*), também passará pelo passado, porém muito mais próximo (*A queda dos deuses*, *Morte em Veneza* e *Ludwig*). Apesar da sua reputação, Pasolini era o menos violento, o menos pessimista e o menos agressivo dos três. Pelo menos por agora.

Quando escreveu o roteiro de *Decameron*, cuja função era "constituir uma espécie de afresco de todo um universo entre a Idade Média e a época burguesa" e "representar estilisticamente todo um universo realista" (em carta para seu produtor Franco Rossellini, citada por Nico Naldini, *Pasolini*, *op. cit*, p. 348), Pasolini não esqueceu suas preocupações político-linguísticas, pois os personagens falarão no dialeto napolitano, ou de Bérgamo em *Os contos de Canterbury*. Ele frisou o caráter lúdico desse filme e, segundo suas palavras, o *Decameron* representava um povo ideal que não existia mais e não tinha nenhuma consciência política: "Não pretendi expressar a realidade com a realidade, os homens com os homens, as coisas com as coisas e fazer uma obra de arte, mas apenas brincar com a realidade que brinca com ela mesma", escreveu em uma carta para Dario Bellezza.

Enquanto filmava, ele publicou suas poesias mais recentes, *Transumanar e organizzar* (título que junta o neologismo utilizado por Dante para designar o estado no qual se encontrava Beatriz em *O Paraíso* (I, 70) quando ele a contempla e como ele mesmo se sentia naquele momento com um verbo conceitual de Gramsci), no qual foram incluídas as poesias que dedicara a Maria Callas, uma coletânea que será tão mal recebida que ele mesmo decidirá fazer a resenha em *Il Giorno* (3 de junho de 1971):

> Este livro realmente é sem esperança. A palavra "esperança" é uma palavra que foi apagada do vocabulário e da mente de Pasolini definitivamente, e é por isso que eu disse no início que ninguém conseguirá jamais instrumentalizar este livro, cujos destinatários somente podem ser, tal como o autor, "infelizes e fortes, irmãos dos cães".*

Com esse filme, e os dois seguintes, ele participará de uma libertação da representação sexual e, por conseguinte, também de uma libertação dos usos e costumes, já que o cinema exercia uma influência considerável nos comportamentos particulares e sua expressão social, fosse apenas pelas imagens sexuais que apresentava e que, portanto, se tornavam socialmente aceitáveis pelos próprios fatos antes de o serem nas mentes das pessoas. Da mesma forma que Miklos Jancso, Andy Warhol, Paul Morrissey e Dusan Makavejev, Pasolini pertencia, necessariamente, ao movimento cinematográfico da representação livre do corpo e da cópula. Ele e Dacia Maraini haviam traduzido os diálogos de *Trash* e *Sweet Movie.* Mas, apavorado pelos efeitos da revolução dos usos e costumes na Itália, em julho de 1972 ele publicou um texto contra a liberalização sexual feminina das moças italianas. Seu receio era que as mulheres tivessem acesso a uma liberdade no seu comportamento sexual com os homens:

> Principalmente no início, quando é adquirida, a liberdade sexual "sozinha" conduz a sérios desequilíbrios nas mentes das meninas menores de idade que, no melhor dos casos, descobrem a sexualidade como algo normal e, no pior dos casos, como uma permissividade ilimitada. Em definitivo há somente essa sensação. Ela está integrada apenas, e automaticamente, pela angústia do consumo, do esnobismo pequeno-burguês etc., típico dessa mesma sociedade que produz a permissividade sexual.*

Nesse mesmo texto (publicado em *Tempo illustrato*, 16 de julho de 1972), Pasolini tratou da "obsessão do casal" como uma norma sexual. Esse panfleto, de extrema confusão ideológica, no qual se mistura uma crítica da sociedade do consumo, da formação de guetos, do fim da prostituição, da norma pequeno-burguesa do casal heterossexual com uma nostalgia do mundo estritamente masculino e das "cumplicidades viris", terá consequências consideráveis sobre a maneira como ele será percebido pela juventude do seu tempo. Era evidente que nesse texto faltava o que acontecia na geração dos rapazes e moças nascidos vinte ou trinta anos depois dele. Ele tinha nostalgia do seu próprio sofrimento, um sentimento paradoxal que sempre fora um dos motores essenciais para qualquer vida amorosa ou sexual, e sempre impedirá a um indivíduo basear-se em sua própria experiência amorosa e sexual para legislar sobre aquela dos outros e, na verdade, até para comentar a vida sexual da humanidade de outra maneira do que a autobiográfica ou a poética. Nesse domínio, nunca conseguimos sair de nós mesmos e de um ponto de vista individual e subjetivo, mesmo se pertencemos a uma sociedade cujos tabus, repressões e normas queremos derrubar. Aqui,

Pasolini aprenderia de modo cruel seus próprios limites ao tentar ultrapassá-los.

> Nos terrenos abandonados, onde os rapazes jogam futebol, que é um jogo de rapazes, e onde é natural que estejam sozinhos entre eles, há sempre algumas moças. A presença dessas moças entre os homens, que antes costumavam ficar sozinhos entre si, muda a fisionomia da Itália.*

Essa diatribe contra o "conformismo sexual", do qual encontramos os sinais precursores na peça de teatro *Affabulazione* (1966), prenuncia a futura abjuração da *Trilogia da vida*, quando os dois próximos filmes nem haviam sido filmados. Antes de filmar *Salò ou Os 120 dias de Sodoma*, Pasolini fez um balanço dos seus três filmes de fábulas sexuais em uma entrevista para Massimo Fini (publicada em *L'Europeo*, 19 de setembro de 1974): "Eu mostrei um mundo, o mundo feudal, onde vive um Eros particularmente profundo, violento e feliz, onde não há um homem, nem mesmo o mais miserável dos mendigos [*accattoni*], que não tenha o sentido profundo da sua própria dignidade. Eu evoco esse mundo e digo: pronto, faça uma comparação, eu o apresento a você, eu o digo para você, o rememoro para você". Nessa mesma entrevista ele justifica sua abjuração desses contos cinematográficos afirmando que o sexo tornou-se refém de uma sociedade de consumo: "O Poder decidiu ser permissivo porque somente uma sociedade permissiva pode ser uma sociedade de consumo".

Não deixa de ser curioso que Pasolini tenha compreendido tão mal a época tão fugaz que permitiu que gênios iguais a ele desabrochassem. Ele acreditou, muito ingenuamente, uma ingenuidade que reivindicou inúmeras vezes, que seu discurso havia sido assimilado e integrado, portanto falsificado e instrumentalizado. Interpretou mal o sucesso público dos seus filmes ao considerar que a mensagem "desesperada" que continham era adocicada por uma recuperação do Poder. Mas que Poder? Que polvo ideológico-político-cultural estaria instrumentalizando Pasolini? Não, o que havia era apenas um mal-entendido ligado ao voyeurismo inerente a qualquer comportamento de massa, nada mais. Esse voyeurismo não implicava uma compreensão do conteúdo dos seus filmes, nem uma assimilação, e nem uma modificação profunda de comportamento. Aqueles que faziam o sucesso dos seus filmes eram os mesmos que os condenavam e, por conseguinte, os neutralizavam. Nesse sucesso havia uma condenação, e Pasolini não estava plenamente consciente disso. Ele considerava o plebiscito do qual se beneficiava vulgar e contrário ao próprio espírito em que seus filmes haviam sido realizados. Mas não era um plebiscito. Durante essa mesma entrevista Pasolini fechou-se em um individualismo deprimido, porém lúcido:

> No fundo, sabemos sempre muito pouco a respeito do Eros dos outros. Talvez porque não falamos muito sobre isso, mesmo entre amigos, e sempre de forma irônica ou espiritual, ou em um tom "especialista" demais e nunca normalmente, com uma envergadura verdadeira. No fundo, mesmo quando falo com meus amigos, eu sinto que eles me escondem pelo menos três quartos do que fazem na realidade quando transam com um homem ou com uma mulher... o erotismo é um fenômeno excessivamente individual. Eu, que nesses últimos anos falava com um pouco mais de confiança e achava que pertencia a uma certa família de gostos, gestos, relações, ídolos carnais, percebi que há abismos entre aqueles que pertencem à mesma família erótica.*

Antes mesmo que o *Decameron* fosse projetado – em junho de 1971, no Festival de Berlim, onde ganhou o Urso de Prata, ou seja, o primeiro prêmio de uma série de importantes reconhecimentos, pois ele também será premiado com o Urso de Ouro no ano seguinte e em 1974 a última parte da *Trilogia* será premiada com o Grande Prêmio

Especial do Júri no Festival de Cannes –, ele escrevera *Os contos de Canterbury*, baseado em um escritor que não pertencia à sua cultura (e o filme sofrerá por isso). Como ele perceberá imediatamente, o filme será ao mesmo tempo "grosseiro" e mais "burguês". Mais do que Bocaccio, que era um espírito humanista, profundamente refinado, independente da crueza das cenas narradas (Pasolini considerava a "ironia e a autoironia fenômenos essencialmente burgueses e sinais de má consciência").

No momento da elaboração desse segundo filme da *Trilogia da vida*, Pasolini passava por uma crise na sua vida particular. Ninetto Davoli, que já se separara dele várias vezes, como durante a aproximação de Pasolini com Maria Callas dois anos antes, decidira ficar noivo de uma moça chamada Patrizia, com quem se casaria em janeiro de 1973. Não era sua primeira aventura feminina, mas agora era mais sério. Pasolini escreveu o seguinte em uma carta para Patrizia, que não teve coragem de mandar:

> Talvez você saiba que minha amizade por Ninetto é mais do que uma amizade. Não é amor no sentido vulgar do termo, e não tem nada a ver com sexo. Eu sinto por Ninetto apenas uma grande afeição, uma enorme afeição, que substituiu completamente aquela que sinto pela minha mãe. Atualmente Ninetto é minha vida. Eu não consigo imaginá-la sem ele. Você sabe que aquele que ama é egoísta, e quer a pessoa amada só para ele. Eu sou assim com Ninetto. Eu o amo, e o quero só para mim, como ele o tem sido nos oito anos que o conheço. Imaginar que ele está com outra pessoa, que lhe dedica seus sentimentos e seu tempo, me faz sofrer de uma maneira que nem consigo descrever para você. Isso me faz sofrer a ponto de querer morrer*.

Mesmo assim, Pasolini e ele continuarão viajando e filmando. Eles foram juntos para Bucareste quando Pasolini fez um tratamento de rejuvenescimento. Mas Ninetto, que estava com 23 anos e o conhecia há nove anos, estava apaixonado e decidido a largar o cinema por sua futura mulher. Pasolini escreveu para todos os seus amigos (Paolo Volponi, Elsa Morante e Maria Callas) queixando-se desse semiabandono. Claro que as pontes nunca serão rompidas, e Ninetto continuará viajando e colaborando profissionalmente com ele até a véspera do assassinato, quando o acompanhará a Estocolmo.

Maria Callas – para quem Pasolini mandará um exemplar de *Trasumanar* que incluía as poesias que escrevera sobre ela –, que estava tentando recuperar a voz e o público dando aulas de canto na Julliard School em Nova York durante o outono de 1971 e, dois anos depois, preparando com seu antigo parceiro, Giuseppe Di Stefano, que voltara a ser seu amante, uma série de recitais catastróficos pelo mundo, respondeu: "Mas no fundo, homem tão inteligente, você devia tê-lo sabido, na verdade você também se agarrava a um sonho criado unicamente por você".

Maria Callas, que conhecia o significado da solidão artística e humana, tinha uma visão de Pasolini que o mal-entendido amoroso tornara exageradamente pessimista. Ela se lembrava dos seus passeios de carro a três entre o quartel onde Ninetto era prisioneiro do seu serviço militar e Grado, a ilha cantada por seu amigo-poeta Biagio Marin, onde havia sido filmada a sequência de Jasão e o centauro de *Medeia.* Maria Callas era a confidente desse casal no qual ela não poderia ter ocupado outro lugar.

Um abandono

Pasolini expressou seu desespero amoroso – que coincidia com um enorme sucesso de público, acompanhado de escândalos (oitenta queixas por obscenidades na Itália tentaram proibir a distribuição do *Decameron*) – em uma série de poesias de formas regulares escritas entre os meses do verão de 1971 e fevereiro de 1973 durante a filmagem de *Os contos de Canterbury*, que intitulou *L'hobby del sonetto*, um título claramente pessoal, e uma maneira de dramatizar esses sonetos escritos no modelo duplo das poesias de Michelangelo para Tommaso Cavalieri, e dos sonetos de Shakespeare para W.H. (que, segundo Oscar Wilde, era um ator chamado William Hughes, ou um estudante de direito chamado William Hatfield, ou William Herbert, Conde de Pembroke, ou ainda Henry Wriothsley).

Não era a primeira vez que Pasolini dedicava uma coletânea inteira a um homem. Ele o havia feito em 1945-1946 para Tonuti Spagnol ("*soavissimo contadinello*", "suavíssimo camponesinho"), cerca de vinte poesias que permaneceram inéditas enquanto estava vivo. Agora eram 120 sonetos regulares ou não, alguns inacabados. Essas poesias, escritas durante uma filmagem que não estava em total sintonia com seu mundo interior, também eram contemporâneas de publicações violentas, que vinham depois de *Empirismo eretico*, seu texto mais teórico que ele escrevera havia cerca de dez anos e no qual explicara de maneira não muito clara sua teoria da linguagem cinematográfica com um vocabulário que ele não dominava, decorrente da semiótica francesa, e constituem um dos empreendimentos mais deprimidos e deprimentes de Pasolini.

Ele mencionou sua vontade de suicidar-se na carta para Patrizia, o que fará novamente dois anos mais tarde na entrevista para Massimo Fini, mencionada anteriormente.

Em relação ao "jogo da permissividade e da tolerância", ele disse: "Nós, os intelectuais, também caímos nesse jogo, exatamente como os rapazes dos subúrbios romanos ou os imigrantes meridionais no Norte. Mas não há alternativa, para ninguém. A única coisa, sim, teria sido o suicídio. Eu deveria ter sido um japonês estoico, ou um helenista, e ter cometido haraquiri. Não havia, não há outra possibilidade". No poema *68* ele escreveu: "Minha dor é homicida ou suicida". Mas essas palavras provocantes, excessivas, somente ecoam em retrospectiva quando conhecemos as circunstâncias trágicas da sua morte.

O drama que ele viveu com Ninetto deve ser considerado pela perspectiva de uma existência sobrecarregada de atividades. Nada indica que Pasolini poderia ter dado mais tempo a Ninetto do que ele recebia do seu jovem amigo depois que este ficara noivo. É evidente que nem todos os sonetos eram dirigidos a Ninetto (a quem ele chamava de "Signore" e tratava por senhor). Ele se referia a Patrizia como uma pessoa estúpida ("Ela tem a estupidez do destino que só sabe dar / golpes cegos...") e Ninetto como a morte ("Sua alegria era apenas o voo / de alguns pássaros durante seu rápido acasalamento / antes de morrer. Ela durou oito anos, como um arrendamento. / Agora essa alegria é morte no senhor, em mim loucura").

Ninetto suplicou-lhe que se encontrassem. Pasolini lembrou "o pouco de esperma que viram um do outro / nos seus abraços primeiros e distantes" (Soneto 71), substituído pelas lágrimas. Elsa Morante, a quem não custara nada repetir este clichê indiferente, que poderia deixar crer que ela jamais amara, repetiu que "um rapaz de 23 anos tem o direito de gostar de uma moça", como se fosse possível consolar um homem apaixonado dizendo que aquele, ou aquela, que o rejeitava tinha o direito de amar esse, ou essa. É claro que Pasolini tinha toda razão quando protestou violentamente contra essa maneira tão cruel de confortá-lo e escreveu para Ninetto: "Todo estão do seu lado, e nos seus corações eles não têm nenhuma piedade com o homem que ficou sozinho. / A realidade é outra. Esse amor não o glorifica, mas o humilha..." (Soneto 87).

O Soneto 105 é muito misterioso porque anuncia as condições da morte próxima de Pasolini. Eram duas horas da manhã, ele estava tentando solicitar um prostituto, "um fascista, pobre coitado, e eu me desesperava / de tentar tocar seu coração desesperado", quando Ninetto apareceu: "Chegaste de carro; e buzinaste. Ao teu lado havia um indivíduo / jovem, horroroso. Coisas roubadas / pendiam da porta. De onde vinhas e para onde ias?".

Ele continuou injuriando Patrizia e sua estupidez a dois, ela, que tinha "o gênio da banalidade", e ele, Ninetto: "Mesmo se tua estupidez / é misteriosa, e consegue sempre espantar / como algo que tivesse outra natureza" (Soneto 108), de lembrar seu "amor tão casto". Ninetto, a quem comparara a um dinka do Sudão por causa da sua alegria, a pureza do seu sorriso e sua sensualidade, perdia-se no conformismo odioso de um casalzinho medíocre.

Louco de raiva e de dor, Pasolini ouvia dos seus amigos que essa separação era inevitável. Será que Elsa Morante ignorava o que fosse o amor? Pasolini não a perdoaria jamais. Pouco depois, ele começou a criticá-la do modo mais cáustico possível em relação à sua obra-prima, *La Storia*:

> A filosofia é a do *Evangelho* lido por São Paulo e a da grande cultura hinduísta, e a política aquela que foi ideologizada pelos anarquistas. Mas esse sincretismo não coincide com nenhuma ideologia histórica. Nenhum místico se reconheceria nele. O "pastiche" deve-se unicamente a Elsa Morante. No entanto, essa ideologia pessoal fascinante revela uma fraqueza extrema e uma fragilidade no momento em que ela é traduzida em termos de romance popular, aplicada, vulgarizada.
>
> *Il Mondo*, 2 de agosto de 1974,
> extraído de *Descriptions de descriptions*.
> Rivages, 1984.

Ele reservaria um papel para Ninetto no filme *As mil e uma noites*, que escrevera com Dacia Maraini. O papel de um jovem apaixonado infiel, a quem aquela que morre de amores por ele perdoa sua infidelidade. Na versão definitiva, a frase dita pela apaixonada Aziza no roteiro original foi invertida, "a fidelidade é um bem; a leviandade, um mal", e transformou-se em "a fidelidade é um bem, e a leviandade também é um bem".

Durante a filmagem, Pasolini escreveu um dos seus melhores ensaios, o conjunto das críticas literárias, que depois da sua morte foram reunidas sob o título *Descrizioni di descrizioni*, e uma grande parte de *Petrolio*, sendo que uma parte se passa no mundo das *Mil e uma noites*, outra no *Decameron* medieval e no mundo antigo dos *Argonautas* e o resto na Itália moderna.

O filme foi apresentado no Festival de Cannes em 20 de maio de 1974, excepcionalmente dois anos após o anterior, e, como já mencionamos, obteve o Grande Prêmio Especial do Júri. Nesse meio-tempo, seus artigos sobre a sociedade italiana haviam-se multiplicado. Eles serão reunidos em 1975 nos *Scritti Corsari*. Nessa época, Pasolini não considerava a obra teórica e crítica como um todo. Com a exceção de *Lettere Luterane*, que foram apresentadas como um "pequeno tratado pedagógico" para um jovem Gennariello, que se equiparava aos adolescentes imaginários de Elsa Morante e era uma resposta aberta à escritora, seus textos dispersos (*Scritti Corsari*, *Descrizioni di descrizioni*, *Empirismo eretico*, *Il Caos*, *Le belle bandiere*) foram reunidos somente depois, mas, mesmo que às vezes transcrevam uma rubrica desse ou daquele jornal, na sua totalidade essas coletâneas nunca foram reescritas como uma totalidade reconstituída. As publicações em volumes limitaram-se a republicar as primeiras edições exatamente como eram. O pensamento de Pasolini era circunstancial, reativo e fragmentário.

De um ponto de vista teórico, mesmo seus textos mais elaborados, que recorriam a conceitos particularmente extremos, não se preocupavam em esclarecer as referências e os empréstimos teóricos, o que, infelizmente, os tornava muito obscuros e, às vezes, completamente inúteis para entender seu cinema. A fragmentação, que ele aplicava até nos seus filmes, nos quais a narração era constituída de várias histórias mais ou menos interligadas entre si, tornou-se um sistema generalizado nas suas poesias, ensaios e romances, tal como em *Petrolio*, que retomará a sequência de *Alì dagli occhi azzurri* e *La Divina Mimesis*, que será publicado logo depois da sua morte e se refere aos textos dos formalistas russos e aos seus filmes.

Em 1965, ele escreveu o texto mais completo sobre a teorização da sua linguagem cinematográfica, *Il cinema della poesia*, que depois foi incluído em *Empirismo eretico*. Essa expressão, que Laura Betti usará para definir a obra de Pasolini, aproxima-se daquela de Jean Cocteau, "poesia do cinema", a quem, no entanto, ele não menciona praticamente nunca, por mais próximo que estivesse da sua maneira "amadora" e intelectual de abordar o cinema. A fórmula "empirismo herético" pode, aliás, ser entendida como uma recusa a qualquer teorização anterior à experiência e à prática cinematográfica e, depois, como a repetição de sistemas conceituais que afirmam sua independência em relação a uma linguagem dominante e normativa. Seria "herético" – no sentido de não ortodoxo, não conformista – proceder pelo empirismo no domínio do cinema: apesar da sua aparência provocante ou intelectual, o título não tem nenhum outro sentido.

O cinema de poesia detalha toda uma análise de "im-signos" (imagens-signos) da linguagem cinematográfica em oposição a "lin-signos" (signos linguistícos, signos da língua) da linguagem escrita. Segundo Pasolini, esses "im-signos" seriam representações miméticas da realidade, um lugar, um sonho, uma lembrança. Ele relacionou essa teoria ao uso da linguagem indireta e livre que, na visão cinematográfica do mundo, integra um olhar subjetivo (justificado por esse ou aquele pretexto narrativo, por esse ou aquele personagem integrado na história cujo olhar prevalece). Ele citou autores, tais como Bergman, Godard, Antonioni, Bertolucci, que ao apresentarem seus personagens como loucos ou neuróticos integraram conscientemente a subjetividade desse olhar na sua narrativa. Essa subjetividade se caracterizaria por uma particularidade consciente e assumida do olhar desse personagem singular. A consciência se manifestaria para o espectador pelo fato de a "câmera fazer-se sentir", quando, então, prossegue Pasolini, "o verdadeiro protagonista é o estilo".

Pasolini somente conceitualizou de fato sua abordagem do cinema em meados dos anos 60 durante um período específico da sua criação. Depois, ele se sentiu muito mais motivado a definir sua posição de cineasta de sucessos de público enormes e reconhecido pela crítica especializada – recebeu três prêmios importantes nos festivais internacionais – em relação à Itália industrializada e a uma comercialização generalizada da arte. Acuado na sua força de impacto pedagógico e na sua personalidade pública brilhante, que permitia um eco considerável a cada uma das suas criações, ele tinha a sensação de estar sendo expropriado do seu espírito de provocação. Ao colocar sua individualidade em primeiro plano – em público, ele falava cada vez mais da sua homossexualidade não normatizada porque, separado do seu amante Ninetto, ele reivindicava uma sexualidade diversificada sem parceiro fixo –, ao expor sua imagem – ele aparece como Giotto em *Decameron* e como Chaucer nos *Os contos de Canterbury* – e ao colocar-se constantemente em cena nas entrevistas públicas, ele se tornava obrigatoriamente um criador para o público. Sua criação não tinha mais nenhum sentido se não fosse imediatamente "polemizada" por ele mesmo.

Pasolini vinha sendo uma presa involuntária de todo tipo de ataque havia alguns anos. Mas em plenos anos 70 ele já não incomodava tanto no plano artístico como há dez anos, o que era comprovado pelo reconhecimento do público e pelas críticas. O que era diferente na Itália política, e por isso ele pensou em mudar-se para um país do Terceiro Mundo, talvez para o Marrocos, onde estivera várias vezes, ou para o Sudão, onde alguns povos o fascinavam.

Mas Pasolini era italiano demais para abandonar o solo do seu país, por mais desnaturado que lhe parecesse. Em vez de desistir das polêmicas, tornou-as ainda mais virulentas ao engajar-se na vida política e social e ao voltar para o meio literário (ele passou a participar ativamente na crítica, publicando resenhas semanais de clássicos, de coletâneas de poesias de todo tipo, de romances italianos e estrangeiros, dialogando com todos, vivos ou mortos: com Calvino, Elsa Morante, Gadda, Moravia, Soldati, Caproni, Penna, a geração beat, os decadentes, os jovens e velhos poetas, tal como Céline e Tanizaki, os pensadores da Antiguidade, os místicos russos, com Volponi, Bassani, Penna, Anna Banti, seus amigos e seus inimigos, com Cassola e Cavafy).

Depois de *As mil e uma noites*, cuja filmagem demorou mais do que os filmes anteriores porque a equipe foi obrigada a deslocar-se para vários países, entre os quais Iêmen, Afeganistão e Nepal, sendo que algumas partes foram apresentadas em setembro de 1974 no Festival de Cannes, Pasolini projetou ao mesmo tempo seu romance-ensaio, *Petrolio*, e dois filmes, *Porno-Téo-Kolossal* (com o ator napolitano Eduardo De Filippo no papel principal) e *San Paolo*, um endurecido evangelho do final do século XX, transposto para Nova York, Milão, Paris, Roma e Ur, no oceano Índico. Mas esses projetos somente tinham uma existência real nas inúmeras entrevistas que ele deu naquela época. Ele chegou a brigar com seus amigos intelectuais por causa das suas posições contra a juventude, o aborto e o divórcio, que eles julgavam cada vez mais reacionárias.

Um fim

Enquanto trabalhava em um projeto de Pupi Avati, que depois foi repassado para Sergio Citti, Pasolini começou a se interessar por *120 dias de Sodoma*, a obra do Marquês de Sade. A identificação com Sade, que fora excluído de uma revolução que ele tanto desejara e perseguido pela Justiça durante sua vida literária e pública, foi muito forte. Ela tomou corpo quando ele decidiu tratar da república fascista de Salò e retornar ao ano basilar da sua própria vida (1943), que, para ele, era a pedra fundamental da sociedade italiana atual.

Cinematograficamente, o sexo não era mais utilizado como a expressão de uma inocência feliz e anárquica, mas como um instrumento de poder político e de humilhação:

> Além da metáfora da relação sexual (obrigatória e feia) que a tolerância do poder de consumo nos obriga a viver nesse momento, todo o sexo que há em *Salò* (e há uma quantidade enorme) também é a metáfora da relação do poder com aqueles que lhe são submissos. Em outras palavras, é a representação (onírica, quando ela existe) do que Marx chamou de a transformação do homem em mercadoria: a redução do corpo ao estado de coisa (pela exploração). Por conseguinte, no meu filme o sexo é chamado para desempenhar um papel metafórico horrível*.
>
> Entrevista *Il sesso come metafora del potere*
> *Il Corriere della Sera*, 25 de março de 1975.

Ele teve oportunidade de dar várias fontes a esse filme, por exemplo, suas leituras de Klossowski, Blanchot e Barthes, uma reflexão sobre a teologia política e o poder, o personagem de Gilles de Rais, sobre quem por um momento pensou fazer um filme, e o filme do seu primo Nico Naldini, *Fascista*, uma montagem de documentos oficiais sobre Mussolini, "um filme sobre a relação entre um Chefe e seu Povo. Uma relação incrível, absurda, evidentemente arranjada, modificada, mistificada, ridícula e retorcida, porém, de certa forma, aquela, certamente aquela, tal como aparece nos materiais do filme" [*Il Messaggero*, 17 de outubro de 1974], que foi apresentado com algum estrépito na Universidade de Vincennes, na França, no outono de 1974.

Ao usar o sexo como uma metáfora do poder e situar a ação em um meio ambiente fascista, é evidente que Pasolini falsificou o sistema sadiano. Ao representar as cenas sadianas, que são imagens conceituais e não ilustrativas, com uma crueza insuportável, ele distorceu Sade. Em uma entrevista para G. Dupont, Michel Foucault recriminou-o:

> Creio que no cinema não há nada mais alérgico do que a obra de Sade. Entre as várias razões esta é a primeira: a meticulosidade, o ritual, a forma de cerimônia rigorosa que assumem todas as cenas de Sade excluem tudo o que poderia ser um jogo suplementar da câmera. A menor adição, a menor supressão, o menor ornamento são insuportáveis. Nenhuma fantasia aberta, mas uma regulamentação cuidadosamente programada.
>
> *Cinématographe*, dezembro de 1975,
> incluído em *Dits et écrits*,
> volume II, *op. cit.*

Por outro lado, Foucault contestou a aproximação do nazismo ou do fascismo de Liliana Cavani no seu filme *O porteiro da noite*:

> Esse é um erro histórico total. O nazismo não foi inventado pelos grandes loucos eróticos do século XX, mas pelos pequeno-burgueses mais sinistros, chatos e asquerosos que podemos imaginar. Himmler era vagamente agrônomo, e casara com uma enfermeira. É preciso entender que os campos de concentração nasceram da imaginação conjunta de uma enfermeira de hospital e de um criador de galinhas. [...] Era o sonho infecto pequeno-burguês da propriedade racial que subentendia o sonho nazista. Eros ausente.

De certa maneira, e sem o perceber, Foucault acabou dando razão a Pasolini na sua própria crítica, que não apresenta uma leitura realmente diferente sobre o fascismo pequeno-burguês falsamente intelectual.

Porém, a deserotização de Sade não passa, obrigatoriamente, de um mal-entendido, porque Sade não sacrifica a metáfora do poder pelo Eros. Ele analisa o herói pelo próprio prisma do poder e da tirania. Para ele não há lugar para o Eros fora desse poder, enquanto Pasolini considerava que o poder destruía o Eros. Ele queria oferecer à Itália uma imagem que seria inaceitável sobre a sexualidade e o corpo a partir daquele momento. Esse trabalho de destruição pública das suas próprias fantasias não podia ser reduzido às explicações intelectuais que ele mesmo fornecia. Essa retomada sistemática das suas criações artísticas em um fluxo verbal comandado pela divulgação dos seus filmes não era totalmente fiel aos seus projetos.

Havia vários anos que ele discordava não apenas dos poderes políticos como também dos seus oponentes intelectuais, seus antigos inimigos e amigos. Ele havia construído uma espécie de fantasia da Itália midiática, política, intelectual, artística e popular. Um dos seus atores, o escritor Uberto Paolo Quintavalle (o presidente de Curval), que o conhecia desde 1953 e dera seu testemunho ainda durante a filmagem de *Salò ou Os 120 dias de Sodoma*, comparou-o a D'Annunzio:

> Uma personalidade da qual ele sabia fazer ouvir a influência usando meios totalmente insólitos. Depois de D'Annunzio, provavelmente não tivemos escritores com uma carga carismática tão forte na Itália. [...] No fundo, ele propunha um modelo de vida para seu público que ninguém, logicamente, teria desejado viver ou imitar porque ele próprio dizia que o deixava angustiado e nauseado.
>
> *Giornate di Sodoma*, Sugarco edizioni, 1976.

Sua vida estava chegando ao fim. Depois da filmagem de *Salò ou Os 120 dias de Sodoma*, tudo terminou. A montagem, as entrevistas, a preparação dos próximos filmes, as cartas para os desconhecidos ou para os amigos, a estadia na praia, na casa que ele construíra com Moravia, em Sabaudia, ou no campo, em Chia, entre Orte e Viterbo, na sua torre reconstruída, as viagens para o Marrocos e Estocolmo, tudo isso já estava incluído na morte. Ou seja, a partir de agora podemos interpretar os meses que lhe restam de vida como uma série de indícios que permitirão entender sua morte.

Pasolini preferia a verdade à realidade. A verdade, ele a desafiava, e desafiava principalmente aqueles que falavam em seu nome. Ele era mais poeta do que filósofo, porque os conceitos eram termos pesados demais para ele. Ele os manejava mal, dava sempre a ideia de ter escolhido o termo incompatível, amplo demais, pouco manejável, falar uma língua que seus interlocutores não conseguiam entender, e não apenas para aqueles que se chamavam Franco Citti, ou Ninetto Davoli. E no cinema ele era mais visionário que contista, pois, exceto quando eram fábulas ou espelhos da sua vida, contava mal suas histórias. Ele não tinha tempo para contar sua vida nem a dos outros, e o destino pregou-lhe uma peça quando inscreveu sua morte em um romance policial.

Para descrever seus últimos meses, qualquer biógrafo precisa agir como um pesquisador. Mas os indícios foram imediatamente apagados ou embaralhados. Pasolini usou a "última linguagem", a linguagem testamentária. Não apenas na série de entrevistas que deu para Peter Dragadze, um jornalista inglês, que foram publicadas na revista *Gente* duas semanas depois do seu assassinato sob o título *Quase um testamento.* Quando ainda estava no Friul, ele escreveu seu testamento nos seus *Quaderni rossi*, e também nas poesias de *La religione del mio tempo.*

Os últimos livros publicados em vida foram os *Scritti Corsari* (maio de 1975), *La Nuova Gioventù*, poemas da juventude abjurados e reescritos (maio de 1975), os roteiros da *Trilogia da vida*, com sua abjuração (outubro de 1975). E ele acabara de entregar o manuscrito de *La Divina Mimesis*, o antirromance poético, que será publicado em janeiro de 1976. Ele estava preparando um romance, *Petrolio*, uma coletânea de artigos, *Lettere Luterane*, e dois filmes, *San Paolo* e *Porno-Téo-Kolossal*, do qual acabara de gravar uma sinopse e mandara uma cópia em fita cassete para Eduardo De Filippo.

Em Estocolmo, a publicação da tradução em sueco de *Ceneri di Gramsci* (os primeiros passos para um futuro Prêmio Nobel...) foi o motivo da sua breve estadia naquela cidade, durante a qual serão apresentados, em 29 de outubro de 1975, *Gaviões e passarinhos* e *Édipo rei*. Ele acabara de dar várias entrevistas – além daquela para Peter Dragadze, ele se encontrou com Philippe Bouvard em Paris e com Furio Colombo em Roma quando voltou de Estocolmo – e de escrever sua palestra, a convite do Partido Radical, cujo texto será publicado postumamente no final das *Lettere Luterane*.

Ele se deixou fotografar nu na sua casa de Chia pelo jovem fotógrafo Dino Pedriali. Em *Campo de' fiori* (Rizzoli, 1993), Enzo Siciliano contou seu último jantar com Pasolini antes da sua partida para Estocolmo. Ele viajou com Ninetto Davoli, com quem dividiu o mesmo quarto, primeiro no Instituto Cultural Italiano e, em seguida, no Hotell Diplomat, para onde se mudou ao pedir para ficar mais independente. Na manhã da sexta-feira de 31 de outubro, Ninetto voltou para Roma, enquanto Pasolini parava em Paris para supervisionar a dublagem de *Salò ou Os 120 dias de Sodoma*, onde deu uma entrevista para Philippe Bouvard. Depois voltou para o apartamento da Via Eufrate que dividia com sua mãe e sua prima.

Ele almoçou com Graziella Chiarcossi e Nico Naldini, e Laura Betti e Ninetto vieram encontrá-los na hora do cafezinho. Ele deu uma entrevista para Furio Colombo, jantou com Ninetto no Pomodoro, um restaurante que ficava no bairro de San Lorenzo, em Roma, depois apanhou Pino Pelosi na rua e pagou seu jantar no Biondo Tevere, onde foi visto pela última vez com vida pelas testemunhas. O resto pertence à Justiça...

Depois de purgar sua sentença, que havia sido reduzida, Pino Pelosi retomou seu contato com o submundo e a prisão. Ele saiu da prisão em julho de 1983 e foi preso várias vezes por suspeita de roubo em janeiro de 1984, junho de 1985, setembro de 1985 e dezembro de 1985. A última prisão lhe valeu uma condenação mais pesada – três anos e meio atrás das grades. Assalto à mão armada em uma joalheria de Cannes, roubo de um caminhão do Correio em Roma, cheques sem fundos: uma série de grandes e pequenas fraudes se encadeiam. No final, ele passou 22 anos na prisão. Em 7 de maio de 2005, em uma entrevista bombástica para Franca Leosini, em "Ombre sul giallo", um programa da rede da televisão italiana RAI 3, ele falou sobre as circunstâncias da morte de Pasolini, uma versão que confirmou algumas suspeitas: ele não estava sozinho. Três desconhecidos, que falavam com o sotaque meridional, teriam assaltado o carro e dado uma surra no escritor. Sem entender o que estava acontecendo, para fugir do local Pelosi teria entrado no carro e passado por cima do corpo de Pasolini. Sergio Citti, por sua vez, declarou que achava que Pasolini havia sido assassinado por cinco delinquentes em Tiburtina. Ambos foram convocados pela Justiça, e o processo foi reaberto.

Antes dessa reviravolta, em seu livro, Pino Pelosi recusou-se a assumir a morte de Pasolini, que para ele havia sido um acidente. Treze anos mais tarde, ao ler *La religione del mio tempo*, que ganhara de presente de uma amiga, ele comentou ter descoberto que no poema *Il desiderio di ricchezza del sottoproletariato romano* Pasolini já o descrevia, ou descrevia "homens como eu":

> Fiquei aterrorizado quando li *Fragmento per la morte*. Pasolini escrevia que ele já obtivera o que queria, que fizera uma "fortuna com o intelecto". E que sentia que sua morte estava próxima, que se sentia em um estado no qual a morte o acompanhava constantemente. Se até então ele tinha pavor de morrer, agora, ao contrário, para ele era uma alegria que se confundia com uma espécie de gozo "árido e lívido", uma "paixão decepcionada". E quando me lembrei de como ele morreu, pela minha mão involuntária, fiquei abalado. Sim, porque tudo começou com sua paixão decepcionada por não ter concordado em me deixar tocar por detrás, em deixar que me enfiasse aquele toco de madeira. Então, furioso de morte, se posso dizer assim, ele se transformou em outra pessoa, louco de raiva e transtornado, e começou a me bater. E foi assim que ele morreu, mas eu não queria, eu juro que eu realmente não queria. Por que querem que eu pague e me metem no meio de situações com as quais, no fundo, não tenho nada a ver? Naquele instante, eu realmente não questionei certas coisas, mas hoje o sofrimento me ensinou a pensar.

Depois de ler as poesias que ele parafraseou, deformou e entendeu ao seu modo, Pino escreveu uma carta para sua vítima que ele cita na íntegra no seu livro:

> Pier Paolo, quem sabe se você conseguirá me ouvir aí, onde você está. Eu nunca mais falei com você desde aquele nosso momento, sim, o momento de nós dois, de loucura. [...] Pier Paolo, eu espero que você esteja me ouvindo, e que perdoe o que fiz a você, mesmo inconscientemente. Você também não estava consciente naquele instante. [...] Eu, Pier Paolo, eu me lembrarei sempre de você, não mais com o mesmo ódio do início, mas com muito amor, o que você sempre quis.

Vinte anos depois ele continuava na prisão.

Logo depois do assassinato formaram-se dois campos: Laura Betti, Sergio Citti e Alberto Moravia, que eram seus amigos mais próximos, sustentavam a ideia de um complô político. Dario Bellezza e Ferdinando Camon foram uns dos raros que defenderam a tese de um assalto comum, sendo que Nico Naldini também era dessa hipótese. O problema era saber se Pelosi estava sozinho, independentemente dos seus motivos e da sua parte de responsabilidade. Até sua reviravolta, ele afirmava que agira sozinho para defender-se de uma agressão sexual, que a morte fora um acidente. Mas a presença de objetos dentro do carro – um pulôver e uma palmilha de sapato – que não pertenciam nem ao assassino nem à vítima era inexplicável. Graziella Chiarcossi esvaziara o carro de tarde para limpá-lo, portanto esses objetos pertenciam a alguém que estivera dentro do carro depois.

Laura Betti sempre insistiu em uma ligação entre as publicações de Pasolini e o assassinato, especialmente no artigo publicado em 28 de agosto de 1975:

> Em primeiro lugar, o PSI e o PCI deveriam (se essa hipótese for válida) instaurar um processo contra os representantes da Democracia Cristã que governaram a Itália nesses trinta anos (principalmente durante os últimos dez anos). Eu estou falando de um processo criminal de verdade, em um tribunal. Andreotti, Fanfani, Rumor, e pelo menos uma dúzia de outros grandes dignitários da DC, incluindo, sem dúvida, para sermos corretos, alguns presidentes da República, deveriam ser arrastados como Nixon para o banco dos réus. Ou, melhor, não, não como Nixon (vamos manter as proporções justas), mas como Papadopoulos. [...] E ali deveriam ser acusados de uma imensa quantidade de crimes, que enunciarei apenas de um ponto de vista moral (pelo menos na eventualidade de que, mais cedo ou mais tarde, se faça um "processo Russell" engajado e não conformista ou triunfalista, como de costume): indignidade, desprezo pelos cidadãos, manipulação do dinheiro público, negócios escusos com os petroleiros, os industriais, os banqueiros, conivência com a Máfia, alta traição em favor de um poder estrangeiro, colaboração com a CIA. [...] Sem um processo

criminal como esse, será inútil esperar que possamos fazer qualquer coisa pelo nosso país.

Les Lettres luthériennes, Seuil, 2000.

A polêmica continuou durante todo o mês de setembro de 1975 no jornal *Il Corriere della Sera*, ou seja, um mês antes do seu assassinato.

Vinte anos depois da sua morte, várias publicações sublinharam sua importância. A revista *Micromega* publicou dois testemunhos amargos de dois escritores menores e subestimados, um no seu país, Edoardo Sanguineti, e o outro na França, Erri De Luca. Ambos sentiam um rancor obstinado contra essa figura luminosa demais que, mesmo na morte, persistia embaçando seus pobres brilhos obtidos depois de muita luta, à força de demonstrações experimentais e poses de escritor engajado. De Luca escreveu: "Eu não consegui terminar *Ragazzi di vita* e não me lembro de nenhum verso ou de uma única frase mutilados de qualquer música e reduzidos à redação de um processo judicial de uma tempestade de humores". Mas, como se fosse um senhor todo-poderoso, ele teve a honestidade de acrescentar: "A sua perda é o único luto da nossa vida cultural que eu esteja pronto a admitir". Sanguineti, por seu lado, foi ainda mais patético: "Um balanço da sua produção? Tolerar a retórica da sua poesia é algo difícil, seus romances são francamente ilegíveis. Algo dos seus primeiros filmes ainda se salva, embora não fossem muito bons tecnicamente".

O poeta Dario Bellezza, a quem Pasolini homenageara tantas vezes, escreveu, em 1981 e 1996, dois livros perfeitamente contraditórios. No primeiro, *Morte di Pasolini* (Mondadori), ele defendeu a tese do assassinato-suicídio. No segundo, *Il poeta assassinato* (Marsilio), ele afirma que o assassinato havia sido cometido por um bando provavelmente contratado por um grupo neofascista ou, até, diretamente pelo poder político atuante (os democrata-cristãos). Como

Laura Betti, ele mencionou a violência dos artigos de Pasolini. Especialmente o texto publicado no *Il Corriere della Sera*, em 14 de novembro de 1974, *Cos'è questo golpe? Io so* (incluído em *Scritti Corsari* sob o titulo "Il romanzo delle stragi"). Esse artigo referia-se a um atentado ocorrido no dia 12 de dezembro de 1969, em Milão, na Piazza Fontana, próximo ao Banco Nacional de Agricultura, que deixou 16 mortos e 88 feridos. Depois de acusar dois anarquistas, dos quais um se suicidou na delegacia e o outro foi inocentado três anos depois, a polícia prendeu alguns neofascistas. Em 4 de agosto de 1974, outro atentado no trem que fazia o trajeto Roma-Milão, que fez doze vítimas, também foi atribuído a um pequeno grupo neofascista.

Pasolini dedicara ao primeiro atentado uma poesia, *Patmos* (em *Trasumanar e organizzar*), e um filme, *Dodici dicembre*, coassinado com militantes da Lotta Continua, entre 1970 e 1972:

> Eu sei os nomes dos responsáveis do que chamam de *Golpe de Estado* (que, na realidade, é uma série de golpes de Estado autoinstituídos no sistema de proteção do poder). Eu sei os nomes dos responsáveis do atentado do 12 de dezembro de 1969, em Milão. [...] Eu sei os nomes das pessoas sérias e importantes que estão por detrás dos jovens trágicos que escolheram as atrocidades fascistas e suicidas, e dos malfeitores comuns, sicilianos ou não, que se colocaram à sua disposição, como *killers* ou sicários. [...] Eu sei. Mas não tenho provas. Não tenho nem indícios. [...] Eu sei porque sou um intelectual, um escritor, que tenta acompanhar tudo o que está acontecendo, saber tudo o que foi escrito a respeito, imaginar tudo o que não se sabe ou que se cala; que relaciona os próprios fatos, mesmo os mais longínquos, que reúne os pedaços desorganizados e fragmentários de todo um quadro político coerente, que restabelece a lógica ali onde o arbitrário, a loucura e o mistério parecem reinar.*

Dario Bellezza estava convencido de que Pasolini fora alvo de uma chantagem. Mas, segundo o relato de Sergio Citti, mesmo que essa tese possa ser apoiada pelo roubo de alguns rolos dos negativos de *Salò ou Os 120 dias de Sodoma*, em agosto de 1975, nem ele tinha provas. Ele apontou os cúmplices possíveis de Pino, que não passava de um bode expiatório porque era menor de idade e, portanto, aquele que cumpriria a pena mais curta. Em *Il poeta assassinato*, Bellezza lembrou como alguns meses antes do seu assassinato Pasolini, com quem, pelo menos segundo seu testemunho, ele corrigia as provas de *Divina Mimesis* (recordamos que esse texto de meados de 1960 foi publicado somente depois da morte de Pasolini, em 1976), lhe dissera que sua morte poderia ser igual àquela que descrevera em "Nota para o Editor": "No bolso interno da porta do carro foi encontrado um caderno de anotações, e no bolso do casaco – um detalhe macabro, não podemos deixar de admitir – um bilhete comovente escrito em uma folha de papel quadriculado que, aparentemente, foi arrancada do caderno de anotações, cheia de uma dezena de linhas muito hesitantes (ele foi assassinado a pauladas no ano passado em Palermo)". "Perguntei a Pier Paolo de onde ele tirara a ideia de uma descrição tão insólita, ao que ele me respondeu rindo: 'Eu poderia morrer assim'." Pasolini contou para Dario Bellezza algumas das suas desventuras quando assediava rapazes: dois deles haviam roubado seu talão de cheques e sua carteira de motorista, e dois outros o haviam ameaçado com um revólver no instante em que gozava e roubado seu carro.

Esse segundo livro de luto não anula, porém, completamente o anterior, porque não fornece nenhuma resposta mais correta. No primeiro livro, Dario Bellezza cita o final de *Teorema*, uma poesia declamada pelo personagem de Massimo Girotti quando ele abandona sua família e seus bens: “De qualquer forma, uma coisa é certa: não importa / o que meu grito queira significar / seu destino é durar além de qualquer fim possível”. Com essa imagem do pai nu que parte para o deserto, ele transformou a morte de Pasolini na negação de qualquer morte.

ANEXOS

Cronologia

1921 *21 de dezembro:* o tenente da artilharia Carlo Alberto Pasolini (trinta anos) casa com a professora Susanna Colussi (31 anos) em Casarsa.

1922 *5 de março:* nascimento de Pier Paolo em Bolonha.

1923 A família muda-se para Parma.

1924 Em Conegliano.

1925 Em Belluno. Nascimento de Guido, o segundo filho.

1927 Em Conegliano. Pier Paolo entra para o Primário.

1928 Em Casarsa. Susanna retoma sua profissão de professora para auxiliar nas despesas da casa porque Carlo Alberto está coberto de dívidas.

1929 Nascimento do primo (filho de Enrichetta, a irmã de Susanna), Nico (Domenico) Naldini. Pier Paolo (que então estava em Sacile com a família) começa a desenhar e escrever poesias.

1931 Depois de uma breve estadia em Idria, na Eslovênia, Pier Paolo é reprovado na escola de Sacile. Seu pai o inscreve na escola de Conegliano.

1932-35 A família muda-se para Cremona. Pier Paolo aprende esgrima. Escreve algumas peças heroicas.

1935-37 No Liceu de Reggio Emilia conhece um dos seus melhores amigos, Luciano Serra, que irá com ele para o Liceu de Bolonha.

1937-39 No Liceu de Bolonha descobre Rimbaud. Pula o último ano, estuda e passa sozinho no vestibular durante o outono de 1939. Inscreve-se na Faculdade de Letras, onde segue os cursos de História da Arte de Roberto Longhi, que terão uma grande importância no amadurecimento da sua estética.

1940 Começa sua correspondência com seus amigos.

1941 Carlo Alberto é enviado para o Quênia, onde será feito prisioneiro. Pier Paolo passa os verões em Casarsa e começa a escrever poesias em friulano. A família muda-se de Bolonha para Casarsa.

1942 Publicação da sua *primeira* coletânea, *Poesia a Casarsa*, por um pequeno editor bolonhês (Landi). Redator-chefe da revista cultural *Il Setaccio* da juventude universitária fascista. Começa a lutar contra o fascismo no plano intelectual em vários artigos. Início da amizade com a violinista eslovena Pina Kalc, começa a conscientizar-se da sua homossexualidade, tem vários casos sexuais com adolescentes.

1943 Começa a redigir os *Quaderni rossi*, onde escreve sobre sua sexualidade e, em particular, sobre sua paixão por Bruno. Escreve a primeira versão de *L'Usignolo della Chiesa Cattolica.*

1944 Depois de a casa materna ser bombardeada, a família muda para Versuta, onde Pier Paolo Pasolini e a mãe criam uma pequena escola independente. Escreve várias poesias que serão incluídas em *La meglio gioventù.* Redige uma peça de teatro histórica em friulano, *I turcs tal Friul.*

1945 *Em 12 de fevereiro*, Guido, que entrara para a resistência comunista, é assassinado por uma facção eslovena de seu próprio partido, que queria anexar o Friul. Início da paixão de Pier Paolo por Tonuti Spagnol, um jovem filho de fazendeiro. Pina Kalc, com quem criara uma peça de teatro e canções, volta para Eslovênia em julho. Em novembro, Pier Paolo defende seu mestrado sobre Pascoli. Seu pai volta para Versuta. Pier Paolo funda com amigos a *Academiuta de lengua furlana* e a revista *Il Stroligut*. Sua amizade com Silvana Mauri, a irmã do seu amigo Fabio, que ele conhece há três anos, se fortalece.

1946 *Em janeiro*, publicação de nova coletânea, *I Diarii*. Viaja pela primeira vez para Roma, onde mora na casa de Gino, irmão da sua mãe. Escreve a peça de teatro *Il Cappellano*, na qual trabalhará durante os anos 60.

1947 Concorre a vários prêmios de poesia, entra em contato com o escritor Giorgio Bassani, que o ajudará a colaborar com revistas e, mais tarde, a entrar no meio do cinema. É nomeado professor no Colégio de Valvasone.

1948 Escreve *Amado mio*, uma narrativa romanceada dos seus amores por Bruno e Nisiuti (Tonuti Spagnol). Esse texto será publicado após sua morte. Início das suas atividades políticas no Partido Comunista, ao qual, a partir de agora, permanecerá fiel.

1949 *Em 22 de outubro*, é denunciado por ofensas aos usos e costumes e desvio de menores, por ter tido relações sexuais com três adolescentes durante uma festa paroquial em Ramuscello. É imediatamente excluído pelo Ministério da Educação do seu trabalho como professor e do Partido Comunista "por indignidade moral".

1950 *Em 28 de janeiro*, ele e a mãe partem para Roma. A mãe vai trabalhar como faxineira. Mora em um quarto no gueto, perto do Teatro de Marcellus. Tem vários contatos culturais, trabalha como figurante na Cinecittà, é colaborador autônomo em vários jornais, escreve poesias e contos em italiano e começa a criar sua obra romanceada. Em dezembro é inocentado pelos "fatos de Ramuscello".

1951 Muda para perto de Rebibbia, no subúrbio, e trabalha como professor em Ciampino. Carlo Alberto, que ficara no Friul, vai morar com a mulher e o filho. Ele é alcoólatra e neurastênico. Pier Paolo conhece os irmãos Citti, dois pintores de edifícios. Antes de dirigir seus próprios filmes, Sergio, o mais velho, será seu roteirista e conselheiro linguístico, e Franco se tornará seu ator favorito. A revista de Roberto Longhi, *Paragone*, publica os primeiros capítulos de *Ragazzi di vita*.

1952 Estreita os laços de amizade com vários poetas (Sandro Penna, Attilio Bertolucci, Giorgio Caproni), que leva com ele na sua descoberta dos bairros pobres dos subúrbios. Trabalha em antologias poéticas, populares e dialetais.

1953 Publica uma coletânea friulana, *Talcàurdi unfrut*, e colabora intensamente com revistas.

1954 Começa a colaborar com roteiros (*La donna del fiume*) e, enquanto termina seu primeiro romance, escreve contos. Publica as poesias friulanas *La Meglio Gioventù* na coleção da revista *Paragone*, e italianas, *Dal Diario*, na editora Scheiwiller.

1955 A publicação do romance *Ragazzi di vita* na editora Garzanti é recebida como um evento literário importante. Escândalo, processo, condenação do Partido Comunista. Amizade com Alberto Moravia e sua mulher Elsa Morante. Funda a revista literária independente *Officina* com amigos.

1956 É apresentado a Laura Betti. Essa jovem cantora intelectual e rebelde, originária de Bolonha, se tornará uma das suas amigas mais íntimas. Torna-se um dos colaboradores mais próximos de Federico Fellini.

1957 Recebe o prêmio Viareggio por *Le ceneri di Gramsci*, sua primeira coletânea de poesia em língua italiana, que obtém um grande sucesso, antecipado pelo êxito do seu romance. Colabora em vários roteiros.

1958 Publica sua coletânea da juventude, *L'Usignolo della Chiesa Cattolica.* 19 de dezembro: morte do pai por cirrose hepática.

1959 Escândalo do poema escrito sobre a morte de Pio XII publicado em *Officina.* O novo editor da revista, Valentino Bompiani, desiste de financiá-lo. Muda-se para um bairro mais burguês de Roma. Publicação de *Una vita violenta.* Escândalos, processo por pornografia, enorme sucesso de público. Traduz *A Oréstia*, de Ésquilo, para Vittorio Gassman.

1960 Publicação de *Passione e ideologia*, coletânea dos prefácios das suas antologias de poesias populares e dialetais e de vários artigos críticos sobre poesia publicados em *Officina.* Começa a colaborar regularmente com *Vie nuove* (na rubrica publicada sob o título *Le belle bandiere*) a pedido de Maria Antonietta Macciocchi. Em 30 de junho, tem início o primeiro processo estranho de uma série, no qual é acusado de ter ligações com o submundo. Federico Fellini, com quem trabalhara em *As noites de Cabíria* e *A doce vida*, prontifica-se a produzir seu primeiro filme, *Accattone.* Mas muda de ideia depois de ver os primeiros ensaios, e o filme será produzido pela Produtora Ajace.

1961 Pasolini descobre a Índia com Alberto Moravia e Elsa Morante durante o período das festas de fim de ano 1960-1961. Viagem ao Quênia e ao Sudão. Publicação de *La religione del mio tempo.* Filmagem de *Accattone.* Grande sucesso imediato.

1962 Publicação de *Il sogno di una cosa*, antigo romance social friulano, escrito quando chegou em Roma. Filmagem de *Mamma Roma*, com Anna Magnani. Durante a preparação do filme é novamente implicado em um processo incompreensível por assalto à mão armada em um barzinho de um posto de gasolina em San Felice Circeo. O processo, em cujo final foi declarado inocente, arrasta-se e fere fortemente seu humor e sua reputação. Apesar das recriminações inevitáveis da direita e da esquerda, *Mamma Roma* é bem recebido em Veneza.

1963 Filma o média-metragem *La ricotta*, com Orson Welles como intérprete. Novo processo. Durante a filmagem conhece Ninetto Davoli, um adolescente de 14 anos, que será seu companheiro e ator. Muda-se com a mãe para um bairro residencial da periferia, o EUR, situado entre Roma e o aeroporto. Traduz *Miles gloriosus* de Plauto, prepara *O evangelho segundo São Mateus*, viaja para a África. Começa a escrever *La divina mimesis* (que somente será publicado em 1976).

1964 Publica *Poesia in forma di rosa.* Em Veneza, *O evangelho segundo São Mateus* recebe o prêmio Leão de Prata (o primeiro colocado foi *Il deserto rosso*, de Antonioni), e é plebiscitado pelos intelectuais, católicos e comunistas.

1965 Filma *Uccellacci e uccellini*, uma fábula política, com o ator cômico Totò e Ninetto Davoli. Publica *Alì dagli occhi azzurri*, uma coletânea de prosas, poesias e roteiros, e *Poesia dimenticate*, uma coletânea de poesias friulanas.

1966 Uma úlcera no estômago o obriga a ficar de cama durante um mês. Escreve quase todo o seu teatro (seis peças). *Uccellacci e uccellini* é um fracasso comercial, mas é bem recebido em Cannes. Filma *La Terra vista dalla Luna*, uma fábula poética, para a esposa de um grande produtor, Silvana Mangano, que se tornará uma das suas atrizes favoritas.

1967 Filma *Édipo rei* no Marrocos, com artistas famosos e Franco Citti, seu ator-fetiche. Filma outra fábula poética, *Cosa sono le nuvole?* (novamente com Totò), e *Appunti per un film sull'India* (para a televisão).

1968 Escreve e filma *Teorema*, pelo qual Laura Betti recebeu o prêmio Volpi de interpretação feminina. O filme recebeu o prêmio de l'Ufficio Catolico no Festival de Veneza. Escândalo devido à poesia "O PCI aos jovens!", na qual expressa sua antipatia pelos estudantes contestatários. Filma *La sequenza del fiore di carta.* Encena *Orgie* no teatro (fracasso). Começa a filmagem de *Pocilga.*

1969 Filma *Pocilga*, *Appunti per un'Orestiade Africana* e *Medeia.* Abandonada por Onassis, Maria Callas, a protagonista deste último filme, liga-se apaixonadamente a Pasolini e o acompanha à África com Alberto Moravia e Dacia Maraini. Criação de *Pylade* no teatro de arena de Taormina.

1970 Viagem com Maria Callas para a América do Sul. Projetam encenar *Mãe Coragem*. Ninetto Davoli presta seu serviço militar e começa a manifestar desejos de independência. Filmagem de *Decameron.*

1971 Filmagem (em colaboração) do documentário político de Lotta Continua, em *12 de dezembro.* Publicação de *Trasumanar e organizzar*, coletânea de poesias políticas e íntimas. *Decameron* é premiado com o Urso de Prata em Berlim. Filmagem de *Os contos de Canterbury.*

1972 Publica *Empirismo eretico*, seu texto teórico sobre o cinema. Começa a redação do romance póstumo, *Petrolio. Os contos de Canterbury* é premiado com o Urso de Ouro em Berlim. Colabora para *Tempo Illustrato* com uma série de críticas literárias que serão reunidas em *Descrizioni di descrizioni.*

1973 Início da sua colaboração com *Il Corriere della Sera* (os artigos serão reunidos em *Scritti Corsari).* Casamento de Ninetto Davoli. Filmagem de *As mil e uma noites* e do curta-metragem *Le Mura di Sana'a.* Projeto de um filme com Eduardo De Filippo: *Porno-Téo-Kolossal.*

1974 *As mil e uma noites* é premiado com o Grande Prêmio Especial do Júri em Cannes. Reescreve sua coletânea friulana, *La Meglio Gioventù*, e abjura-a sob o título *La Nuova Gioventù.*

1975 Publica o roteiro do filme que nunca realizará, *Il padre selvaggio.* Entre 7 de março e 5 de junho, escreve *Lettere Luterane*, "um pequeno tratado pedagógico", que será publicado por partes em *Il Mondo*. Publicação de *La Nuova Gioventù*. Filmagem de *Salò ou Os 120 dias de Sodoma*. Em outubro, publica os roteiros dos seus três filmes anteriores, *La Trilogia della vita*, e os renega. É assassinado na noite entre 1º e 2 de novembro em condições misteriosas. Seu corpo é encontrado atropelado na praia de Óstia. Seu assassino presumido tem 17 anos de idade. Declara-se culpado. A prisão, o processo, os apelos e o julgamento se estenderão por quatro anos.

1979 O tribunal reconhece Pino Pelosi como único culpado e o condena a nove anos e oito meses de prisão.

1983 Pino Pelosi é solto em liberdade condicional e depois libertado.

1990 *27 de setembro*: Morte de Alberto Moravia.

1992 Publicação de *Petrolio*, sua obra-prima romanceada.

1996 *31 de março*: Morte de Dario Bellezza.

1998-2003 Publicação das suas obras completas na coleção "I Meridiani" de Mondadori.

2000 *17 de janeiro:* Morte de Attilio Bertolucci.

2004 *31 de julho:* Morte de Laura Betti, diretora da Associazione "Fondo Pasolini".

2005 Em *7 de maio*, durante o programa de televisão (Rai 3) de Franca Leosoni, "Ombre sul giallo", Pino Pelosi nega ter matado Pasolini e acusa três desconhecidos. A investigação é reaberta pela Procuradoria-Geral de Roma. Alguns dias depois, Pino Pelosi é preso por tráfico de drogas.

Fontes

Para escrever este livro baseei-me nas obras completas de Pier Paolo Pasolini publicadas em dez volumes sob a direção de Walter Siti (Mondadori, "I Meridiani", 1998-2003), que incluem as obras de ficção, os ensaios sobre a literatura e arte, os roteiros, as peças de teatro, as poesias, os artigos, as entrevistas, e nos dois volumes de correspondência publicados por Nico Naldini (Einaudi, 1988), e, é claro, nos vários testemunhos publicados na Itália, que são citados ao longo do livro.

Também usei as biografias existentes. As de Enzo Siciliano, *Vita di Pasolini* (Rizzoli, 1978), de Nico Naldini, *Pasolini, una vita* (Einaudi, 1989), de Barth David Schwartz, *Pasolini Requiem* (Panthéon, 1992), de Fabio Pierangeli e Patrizio Barbaro, *Pier Paolo Pasolini, biografia per immagini* (Gribaudo, 2000).

É impossível apresentar a lista da todas as publicações referentes à obra literária, cinematográfica e teatral de Pasolini, dentre as quais vale mencionar a pesquisa de Marco Tullio Giordana, *Pasolini, morte de um poeta, um crime italiano*, que analisa detalhadamente o processo interminável de Pino Pelosi com suas repercussões, seus silêncios e suas conclusões obscuras.

Agradecimentos

Mondadori Libri, pelos textos extraídos de *Opere Complete*, Pier Paolo Pasolini, coleção "I Meridiani", 1998-2003.

Manni Edizioni, pelos textos extraídos de *La linguna dei desideri*, Francesca Cadel, Mann, 2002.

Sinnos Editrice, pelos textos extraídos de *Io*, *Angelo Nero*, Pino Pelosi, Sinnos Editrice, 1995.

Referências

Contos e Romances

Em italiano

Ragazzi di Vita, Milão: Garzanti, 1955.

Una Vita Violenta, Milão: Garzanti, 1959.

Donne di Roma, Milão: Saggiatore, 1960.

Il sogno di una cosa, Milão: Garzanti, 1962.

L'Odore dell'India, Milão: Garzanti, 1962.

Alì dagli Occhi Azzuri, Milão: Garzanti, 1965.

Teorema, Milão: Garzanti, 1968.

La divina mimesis, Milão: Garzanti, 1975.

Amado mio, 1982.

Petrolio, 1992.

Em francês

Les Anges distraits, Actes Sud, 1995.

Histoires de la cité de Dieu, Gallimard, 1998.

Douce et autres textes, Actes Sud, 2000.

Rital et raton in *Théâtres au Cinéma*, Magic Cinéma, 2000.

Poesias

Em italiano

Poesie a Casarsa, Bolonha: Libreria antiquaria Mario Landi, 1942.

Poesie, 1945.

La meglio gioventù - Poesie Friulane, Firenze: Sansoni, 1954.

Le Ceneri di Gramsci, Milão: Garzanti, 1957.

L'Usignolo della Chiesa Cattolica, Milão: Garzanti, 1958.

La Religione del mio Tempo, Milão: Garzanti, 1961.

Roma 1950, 1960.

Poesie in Forma di Rosa, 1964.

Poesie, 1970.

Trasumanar e organizzar, Milão: Garzanti, 1971.

La nuova Gioventù, 1975.

Em francês

Poésies, 1953-1964, Gallimard, 1980.

Poésies, 1943-1970, Gallimard, 1990.

Qui je suis, Arléa, 1994.

Poèmes de jeunesse et quelques autres, Gallimard, 1995.

Poèmes oubliés, Actes Sud, 1996.

Dans le coeur d'un enfant, Actes Sud, 2000.

Je suis vivant, Nous, 2001.

Où est ma patrie, Castor Astral, 2002.

La Nouvelle Jeunesse, Poèmes frioulans, 1941-1974, Gallimard, 2003.

Le Dada du sonnet, Les Solitaires intempesties, 2005.

Ensaios, Críticas, Diversos

Em italiano

Canzioniere italiano, Anthologia della poesia popolare, 1955.

Passione e ideologia, Milão: Garzanti, 1960.

Empirismo eretico, Milão: Garzanti, 1972.

Scritti Corsari, Milão: Garzanti, 1975.

Lettere Luterane, Milão: Garzanti, 1976.

Le belle bandiere, Turim: Einaudi, 1977.

Descrizioni di descrizioni, Milão: Garzanti, 1975.

Il Caos, 1970.

Em francês

L'expérience Hérétique, Payot, 1976.

Dialogues en public, Sorbier, 1980.

Écrits sur le cinéma, Presses universitaires de Lyon, 1987.

Écrits sur la peinture, Carré, 1997.

Contre la télévision, Les solitaires intempestifs, 2003.

La Longue Route de Sable, Arléa, 1999.

Correspondance générale: 1940-1975, Gallimard, 1991.

Teatro

Em italiano

Manifesto per un nuovo teatro, 1968.

Calderon, Milão: Garzanti, 1973.

I Turcs tal Friul, 1976.

Affabulazione – Pilade, Milão: Garzanti, 1977.

Porcile - Orgia - Bestia da Stile, Milão: Garzanti, 1979.

Em francês

Théâtre complete, Actes Sud, 1995.

Théâtre (1938-1965), Les solitaires intempesties, 2005.

Revistas, Coleções dirigidas por Pier Paolo Pasolini

Il Stroligut, 1945-1947.

Il Setaccio, Bolonha, Cappelli, 1942-1943.

Officina, 1955-1959.

Nuovi Argomenti, 1966-1975.

Lotta Continua, 1971.

Film e discussioni, 1967-1970.

Laboratorio, 1971-1972.

Filmografia

(Os anos indicam aqueles das filmagens e distribuição nos cinemas. Quando há duas datas é porque o filme foi distribuído no ano seguinte à filmagem.)

Accattone, 1961
Com Franco Citti, Silvana Corsini, Adèle Cambria, Adriana Asti, Franca Pasut, Eisa Morante

Mamma Roma, 1962
Com Anna Magnani, Ettore Garofalo, Franco Citti, Silvana Corsini

La ricotta, 1963 *in Rogopag*
(Média-metragem)
Com Orson Welles, Mario Cipriani, Laura Betti, Elsa De Giorgi, Ettore Garofalo

La rabbia, 1963
(Média-metragem)
Com as vozes de Giorgio Bassani e Renato Guttuso

Sopralluoghi in Palestina para o filme *O evangelho segundo São Mateus*, 1963
(Média-metragem) com a voz de Pier Paolo Pasolini

Il vangelo secondo Matteo [*O evangelho segundo São Mateus*], 1964
Com Enrique Irazoqui, Susanna Pasolini, Giorgio Agamben, Enzo Siciliano, Ninetto Davoli, Rodolfo

Wilcock, Francesco Leonetti, Paola Tedesco, Natalia Ginzburg

Comizi d'amore [*Comícios de amor*], 1964
Com Alberto Moravia, Cesare Musatti, Giuseppe Ungaretti

Ucellaci e uccelini [*Gaviões e passarinhos*], 1965-1966
Com Totò, Ninetto Davoli, Gabriele Baldini, Femi Benussi

La Terra vista dalla Luna, 1966-1967, in *Le streghe*
(Média-metragem)
Com Silvana Mangano, Totò, Ninetto Davoli, Laura Betti, Luigi Leoni, Mario Cipriani

Cosa sono le nuvole?, 1967, *in Capriccio à l'italiana*
Com Laura Betti, Ninetto Davoli, Totò, Adriana Asti, Franco Franchi

Edipo re [*Édipo rei*], 1967
Com Franco Citti, Silvana Mangano, Alida Valli, Massimo Girotti, Julian Beck, Carmelo Bene, Ninetto Davoli, Francesco Leonetti, Pier Paolo Pasolini

Appunti per un film sull'India, 1967-1968
(Média-metragem para a televisão)
Com a voz de Pier Paolo Pasolini.

Teorema, 1968
Com Terence Stamp, Silvana Mangano, Massimo Girotti, Laura Betti, Anne Wiazemsky, Andres Jose Cruz Soublette, Susanna Pasolini, Ninetto Davoli, Cesare Garboli, Alfonso Gatto

La sequenza del fiore di carta, 1969 *in La Contestation*
(Média-metragem)
Com Ninetto Davoli e as vozes de Graziella Chiarcossi, Bernardo Bertolucci, Pier Paolo Pasolini, Aldo Puglisi

Appunti per un'orestiade africana, 1968-1969
(Média-metragem)
Com a voz de Pier Paolo Pasolini.

Porcile [*Pocilga*], 1969
Com Jean-Pierre Léaud, Anne Wiazemsky, Pierre Clementi, Franco Citti, Ninetto Davoli, Ugo Tognazzi, Marco Ferreri

Medea [*Medeia*], 1969
Com Maria Callas, Giuseppe Gentile, Laurent Terzieff, Margareth Clementi, Sergio Tramonti, Graziella Chiarcossi

Decameron, 1970
Com Silvana Mangano, Ninetto Davoli, Franco Citti, Angela Luce, Pier Paolo Pasolini

Le Mura di Sana'a, 1970
(Curta-metragem)
Com a voz de Pier Paolo Pasolini

I racconti di Canterbury [*Os contos de Canterbury*], 1971-1972
Com Joséphine Chaplin, Hugh Griffith, Franco Citti, Laura Betti, Ninetto Davoli, Jenny Runacre, Vernon Dobtcheff, Pier Paolo Pasolini

Dodici dicembre, 1972
Documentário de longa-metragem

Pasolini e la forma della cittá, 1973
(Curta-metragem)
Com Ninetto Davoli e Pier Paolo Pasolini

Il fiore delle mille e una notte [*As mil e uma noites*], 1973-1974
Com Ines Pelegrini, Franco Merli, Ninetto Davoli, Franco Citti, Tessa Bouché, Margareth Clementi, Zeudi Biasiolo

Salò o le 120 giornate di Sodoma [*Salò ou Os 120 dias de Sodoma*], 1975
Com Uberto Paolo Quintavalle, Hélène Surgère, Sonia Saviange, Caterina Boratto, Elsa De Giorgi, Paolo Bonaccelli, Aldo Valletti, Franco Merli, Ines Pellegrini

Colaboração em roteiros

La donna del fiume, de Mario Soldati, 1954

Il prigioniero de la montagna, de Luis Tenker, 1955

Adeus às armas, de Charles Vidor, 1957

As noites de Cabíria, de Federico Fellini, 1957

Marisa la civetta, de Mauro Bolognini, 1957

Giovani mariti, de Mauro Bolognini, 1957

La Notte Brava, de Mauro Bolognini, 1959

Le notti dei teddy boys, de Leopoldo Savona, 1959

Morte di un amico, de Franco Rossi, 1959

O Belo Antonio, de Mauro Bolognini, 1959

A doce vida, de Federico Fellini, 1960

Il Carro Armato Dell'8 Settembre, de Gianni Puccini, 1960

La Lunga notte dell'Nuit de 43, de Florestano Vancini, 1960

La giornata balorda, de Mauro Bolognini, 1960

La ragazza in vetrina, de Luciano Emmer, 1960

La ragazza con la valigia, de Valerio Zurlini, 1960

Milano nera, de Gian Rocco e Pino Serpi, 1961

La commare secca, de Bernardo Bertolucci, 1962

Ostia, de Sergio Citti, 1970

Storie scellerate, de Sergio Citti, 1973

Storia del soldato 1973 (Escrito para Giulio Paradisi, que não o dirigiu, esse roteiro foi interpretado no teatro por Ninetto Davoli vinte anos depois da morte do seu autor em uma encenação conjunta de Giorgio Corsetti, Gigi Dall'Aglio e Mario Martone, montada no Festival d'Avignon, em 12 de julho 1995)

Interpretações como ator

Il gobbo, de Carlo Lizzani, 1960

Requiescant, de Carlo Lizzani, 1966

Sobre o autor

Romancista, dramaturgo, tradutor do japonês e do italiano, crítico literário e editor, René de Ceccatty é autor de cerca de quinze romances, entre os quais, pela Editora Gallimard, *L'Or et la Poussière* (1986, prêmio Valéry Larbaud), *L'Accompagnement* (1994), *Aimer* (1996), *Consolation provisoire* (1998), *l'Éloignemernt* (2000), *Le mot amour* (2005). Também escreveu ensaios sobre Violette Leduc, Sade, Petrarca e Pasolini. Colabora regularmente para o *Monde des livres.* Traduziu oito obras de Pasolini.